肌の悩みがすべて消えるたった1つの方法

美肌には化粧水もクリームも
必要ありません

クリニック宇津木流 院長
宇津木龍一

青春出版社

はじめに

日本女性の４人に３人が乾燥肌で、３人に１人が敏感肌だといわれています。このような不健康な肌の女性が、なぜこれほどまでに多くなったのか？　いろいろな要因はありますが、あまりに化粧品に依存しすぎたスキンケアが最大の原因だと私は思います。

10年ほど前のこと、私は北里研究所病院で美容ドックをはじめました。それが話題になり、スキンケアに人一倍気を使っている女性たちがたくさん来院しました。肌トラブルはとくに感じていない女性たちばかりでした。

そんな患者さんたちの肌をマイクロスコープで診察して、８割以上が重症の乾燥肌で、毛穴が炎症でまっ赤になっていることに仰天しました。基礎化粧品の使用を休んでいただくと、肌の乾燥や炎症は劇的に改善しました。しかし、化粧品を使いはじめると、ふたたび肌は悪化したのです。

調べてみると、ほとんどの化粧品に含まれている油や界面活性剤が、肌のバリアをこわして刺激していることがわかりました。化粧品をやめるだけで、洗顔後の肌のつっぱり感がなくなり、年々確実に肌がきれいになることもわかりました。そして、これらの事実は、理想的なスキンケアは、やけどから皮膚を再生させる治療法と同じ、と気がつき、クレンジングや化粧水、美容液やクリームなどの基礎化粧品をいっさい使わず、水で洗うだけの「宇津木流スキンケア法」を提唱するようになりました。

本来スキンケアといえば、皮膚科の分野ですが、私のスキンケア法はやけどの治療を基礎とした、形成外科式スキンケア法である点が、最大の特徴です。

私は今でこそ、シミ、シワ、たるみ治療だけを専門にしていますが、大学病院で形成外科専門医として働いていた頃は、重症のやけど治療も、専門分野のひとつでした。やけどの治療で重要なのは、まず皮膚が乾かないように対処することです。乾燥すると、皮膚は死んでしまい、生命すら危険にさらされます。形成外科では、やけどや、傷の治療のさいに、早く治したり、保湿を目的として、油やクリーム、ローションなどを使うことは絶対にありません。むしろ逆効果なので、つけてはいけないというのが医学の常識です。

やけどした肌を乾燥させずに保っていると、毛穴から皮膚の芽がでてきて、それが広がり、やがて皮膚は再生されていきます。形成外科医が、やけどの皮膚を保護したり、乾燥を防ぐために、安心して使えるのは、ワセリンか生理食塩水だけです。それ以外は細胞に毒として作用する副作用があることが多いからです。

とくにクリームやローションは、やけどでバリアを失った皮膚にとって毒性の強い異物ですから、それを排除しようと、皮膚は炎症を起こし、大量の組織液を分泌します。やけどした部分はその液と死んだ細胞とでドロドロになり、せっかく再生をはじめた皮膚もとけてしまいます。そして、健康な肌にクリームをつけた場合は、皮膚のバリアをこわして、肌を乾燥させて、毛穴に入ると、刺激して炎症を起こします。この状態こそまさに美容ドックの患者さんたちの肌の症状だったわけです。

やけどした皮膚を速やかに再生させなければ、患者さんの命が危ないという危機的状況下で、生理食塩水が、ワセリンが、そして、ばい菌が増えたとき、それを殺すためにしかたなく使う抗菌クリームや軟膏が、やけどした肌にどのような効果をもたらすのかを、毎日真剣に観察しながら治療をしていたものです。その経験から生まれたのが、宇津木流スキンケア法なのです。

水で洗うだけですから、肌への刺激はほとんどゼロです。乾燥肌や敏感肌、脂性肌の人はもちろん、アトピーやニキビに悩む方にもぜひ実践していただきたいケア法です。さらに、肌の健康や美肌を維持したい人にも、このケア法はおすすめです。

これまでの美容理論やケア法と、あまりにもかけはなれていて、驚きや戸惑い、疑問、反発を覚える方すらいらっしゃると思います。私は10年以上、このスキンケア法を指導してきましたが、続けさえすれば患者さんたちの肌の乾燥や炎症のほとんどが劇的に改善することは確実で、悪化したという人はほとんどいません。その実績は1000人以上にのぼります。その中には、私が指導した女医さんたち、クリニックの女性スタッフたちや私の家族たち、また、本書の出版をすすめてくださった編集者やイラストレーターの方々も含まれます。

宇津木流スキンケア法を実行している患者さんたちは、「人に肌がきれい、といわれるようになった」「化粧にお金も時間もかからなくなり、本当に楽」「たくさんの化粧品が姿を消したドレッサーの上はすっきり！」と口をそろえていいます。このシンプルさが肌にも心にも、そして、生活にもすがすがしい心地よさをもたらすようになることでしょう。

2012年1月

宇津木龍一

「肌」の悩みがすべて消えるたった1つの方法―目次

第1章 肌をきれいにしたいなら、化粧品をやめなさい

第2章 「肌」には奇跡の再生力が存在します

第3章 あなたの肌をダメにする「化粧品」のウソ・ホント

目次

第4章

つけない、こすらない、洗いすぎない！
美肌をとりもどす 実践 宇津木流スキンケア法

第5章 明日からすぐ効果があらわれる！ スキンケアの新常識

カバーイラスト……毛利みき
本文イラスト………根岸伸江
本文デザイン………青木佐和子

宇津木流スキンケア法の基本は

「つけない・こすらない・洗いすぎない」の3つ。

毎日おこなうのは肌を極力こすらない〝水洗顔〟だけです。

用意するのは**純せっけん**と**ワセリン**のみ。

さあ、一緒にきれいな肌をめざしましょう！

第1章

肌をきれいにしたいなら、化粧品をやめなさい

きれいな肌はどうやってつくられる?

美しい肌になりたいと、多くの女性たちは毎日、クレンジングや化粧水、クリームなどの基礎化粧品を使ってケアをし、また、肌を少しでもイキイキと、きれいにみせたくて、ファンデーションや化粧下地、コンシーラーなどのベースメイクをしています。

ところが、基礎化粧品であれ、ベースメークの化粧品であれ、化粧品の多くは、肌をボロボロにしてしまいます。

つまり、肌を乾燥させ、炎症を起こさせ、あげくに、皮膚の新陳代謝を著しく低下させて、シミやシワ、くすみやたるみなどをつくる一大原因となります。ですから、私のクリニックの患者さんには、肌をマイクロスコープでくわしく診療して、乾燥や炎症があるとまず、基礎化粧品やファンデーションの類の使用をやめるようにお願いしているのです。

今でこそ私は、化粧品が美肌の妨げになると知り、シンプルなスキンケアを提唱していますが、以前は、大学病院で化粧水やクリームなどを外来の患者さんたちに販売していました。

そればかりか、傷ややけど治療が専門の形成外科医の立場で、化粧品会社の顧問もしていました。その関係で、化粧品について多少勉強をしていましたし、定年後は自分で化粧品会社をつくりたいとすら考えていたくらいです。もちろん、化粧品が皮膚を健康にし、美しくするものだと信じて疑わなかったからです。ところが、そうではなかった……。

１９９７年、私はシミ、シワ、たるみ治療の専門施設として北里研究所病院美容医学センターを創設し、センター長に就任しました。

元来、手術が専門の外科医ですから、その頃は、スキンケアについて、さほどくわしくありませんでした。そこで、教科書を読んだり、皮膚科の先生たちをつかまえては、「肌を保湿するには何がいいですか?」とたずねたものです。

すると、みなさん、「ヒルドイドがいちばんですね。あとは適当な保湿クリーム、ワセリンもいいですよ」などとおっしゃるわけです。ちなみに、ヒルドイドというのは保湿効果がきわめて高いといわれている医薬品で、ほとんどの皮膚科医が肌の乾燥の治療として、クリームやローションなどの形で処方しています。

そして、皮膚科医は「スキンケアには洗顔と保湿クリームが大切」といい、皮膚科の教科書にもそう書かれていました。

　そうか、それなら患者さんが安心して使える化粧品をつくろうということになりました。防腐剤はできるだけ入れずに、原料も最高のものを使う。万一、化粧品によるアレルギーで皮膚炎が起こったら、全成分をパッチテストして、アレルゲン（アレルギーを起こす物質）を突きとめる。さらに、その患者さん用にアレルゲンをのぞいた化粧品を特注できるようにしたのです。

　パッチテスト用テープまで開発しました。この化粧品セットを、「パッチテストコスメ」と名づけ、理想的な基礎化粧品をつくったつもりでした。

　洗顔料、化粧水、クリーム、オイル、日焼け止めの、スキンケア5点セットは患者さんの間で大変な評判をよび、外来で売れに売れました。ドクターズコスメなるものが流行しだした時期だったこともあり、化粧品を販売させてほしいという企業も現れました。気をよくした私はこれを一般向けにつくり、売ってもらおうと準備をはじめました。

　パッケージのデザインは車のデザイナーに依頼しよう、容器は最後まで密閉が維持されるように注射器に似た構造に、などと計画は着々と進んでいました。

　けれど、結局、私の企画したパッチテストコスメが世にでることはありませんでした。

販売計画を中止して、外来での化粧品の使用もすべてやめてしまったのです。

なぜなら、化粧品をつければつけるほど、肌が乾燥して状態が悪くなることがわかったからです。きっかけは、美容ドックの開設でした。

「コスメ好きほど肌がボロボロ」という事実

２００１年、私は北里研究所病院美容医学センターで皮膚の状態をくわしく検査する美容ドックを開設しました。全身の健康を検査する人間ドックのように、肌の健康状態をチェックする美容ドックが必要ではないかと考えたのです。

美容ドックは新聞やテレビ、そして雑誌でとりあげられ、おおぜいの患者さんが押しかけてきました。おかげで、たくさんの肌のデータもすぐに集まりました。そのデータを集計して、私は仰天しました。

美容ドックを受けた最初の女性２２７人のうち、１８８人はほおが乾燥し、干からびてボロボロの状態になっていたのです。じつに83パーセントに当たります。

しかも、そのうちの１０５人、つまり全体の半数近くの肌が最悪の状態でした。健康、または正常といえる肌の人はわずか39人、17パーセントしかいない。そのうち、非の打ちどころのない理想的な肌をした人は、たったの2人でした。

たとえば、105人、つまり、全体の半数近くを占める最悪の肌とは、どれほどひどい状態なのでしょう? 次ページの写真をみてください。「Ⅲ」がそれにあたります。肌の表面にあるこまかい網目状の溝をキメ(または、皮溝《ひこう》)といいますが、「Ⅲ」ではそのキメがまったくみえません。完全に消えてしまっています。

キメがないということは、皮膚が萎縮《いしゅく》して、もはや細胞分裂ができていない状態です。膠原病《こうげんびょう》をわずらっている人や、水泡ができる程度のやけどが治ってきて、薄皮がはってきたときと同じ状態で、病的としかいいようのない肌です。

そんな肌の持ち主が全体の半数近くもいたのですから、われわれは本当に驚き、最初はその結果が信じられませんでした。

しかも、美容ドックを受診してくれたのは、スキンケアをさぼっているような人たちではありません。1時間ほどの検査に3万5000円ものお金を払って、自分の肌をみてもらおうというのですから、みなさん、スキンケアに対する意識が高く、むしろ人並み以上に熱心にスキンケアをしている女性ばかりでした。

それなのに、8割以上の人の肌がボロボロで、しかも、全体の半数近くが、細胞分裂も

皮膚のキメの４段階

0

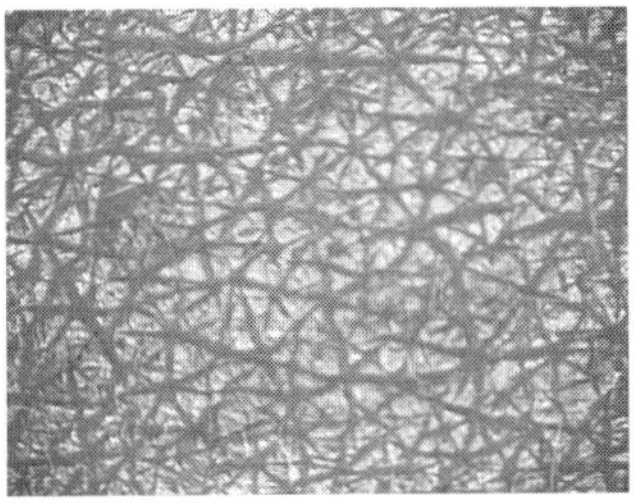

Ⅰ

Ⅱ

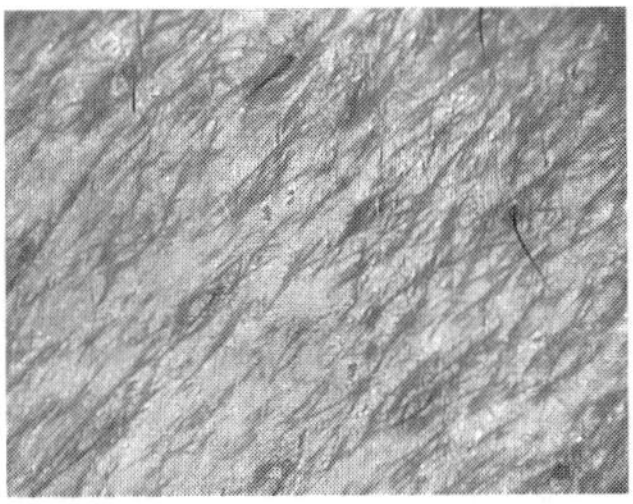

Ⅲ

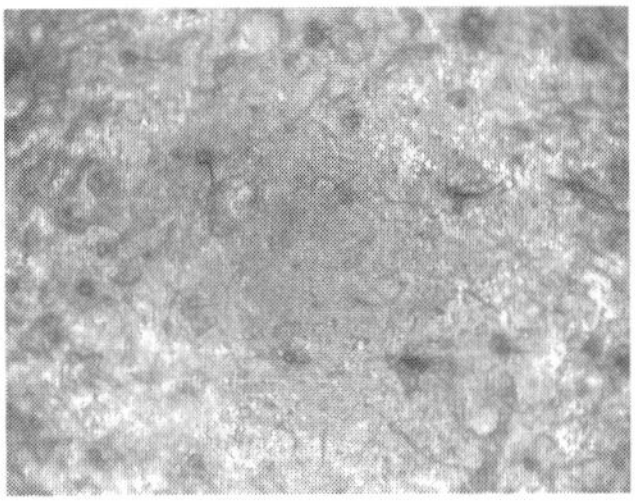

ロクにできていない病的な状態だとは……。さらに調べてみると、熱心にスキンケアをしている人ほど、肌は乾燥して荒れはてているようでした。

彼女たちの肌に何かとんでもないことが起きていることはたしかです。私はこの事実を2001年に美容皮膚科学会で発表しました。

"キメ"こそ美人肌の決め手

美容ドックをはじめて、患者さんの肌の状態を診断する上でとくに役立ったのは、「ビデオマイクロスコープ」で観察するキメの状態でした。

このマイクロスコープは、パソコンに接続して、モニター上で皮膚の表面を30倍から500倍に拡大して観察できるハンディタイプの顕微鏡で、肌の表面にあるキメや毛穴、皮膚の内部にあるメラニンや毛細血管、コラーゲン線維などもくっきり写しだします。くすみや、炎症のある、なしまで一目瞭然です。

肌のキメとは肌の表面にあるこまかい網目状の溝のこと。年齢に関係なく、赤ちゃんであれ、80歳、90歳の高齢者であれ、健康な肌にはキメが刻まれています。このキメの状態は肌の健康や美しさの度合いを表しています。

25ページの「0」と「Ⅲ」をみくらべてください。「0」のようにキメがこまかくてひとつひとつの形が整っている肌ほど弾力があり、うるおいに富み、みた目も美しい。健康で美しい肌のキメは、網目模様の中がさらにふたつの三角形に分かれ、細胞分裂がさかんなほど、その三角形が勢いよく盛りあがっています。

ところが、高齢者の肌や、間違ったスキンケアを続けている人では、網目模様が大きくなりますし、キメの溝が浅くなり、網目の中の三角形も四角くなり、盛りあがりもなくなり、たいらになって、最後はまったくキメのない肌になってしまいます。「Ⅲ」がまさしくその状態です。このような肌は、薄くて、弾力が失われているため、小ジワができやすく、極度に乾燥しています。そして、極度に乾燥しているため、洗顔後の肌がひどくつっぱるのも特徴です。

実際、患者さんたちの肌をマイクロスコープでみても、肌の調子がいいという人にはちゃんとキメがあるのに、乾燥などの不調を訴えている人にはキメがほとんどありません。多少キメのある人でも、せいぜい鉛筆でうっすら描いたライン程度の頼りないものでした。

そして、スキンケアやコスメ好きの人たちが集まる美容ドックでは、半分近くの患者さんたちの肌が「Ⅲ」のボロボロ状態だという、悲惨きわまりない現実を目の当たりにしたわけです。

化粧品をやめれば、キメは整う

ボロボロの干からびた肌をした女性がなぜこれほどまでに多いのか？　はじめの頃こそ見当がつかずに頭を抱えていましたが、その謎はだんだんと解けてきました。

患者さんの中には、何をつけても肌が赤くなってしまう女性たちがいます。いわゆる敏感肌の人です。マイクロスコープでみると、そういう女性たちの肌には、キメがほとんどなくて、肌は乾燥しきっています。

次の章でくわしく述べますが、乾燥がはげしいということは、体内の水分の蒸発を防ぐ保湿膜がこわれているのと同時に、肌を外界の刺激から守るはずのバリア機能も働いていないのです。バリア機能が働いていなければ、化粧品が皮膚の中にダイレクトに入りこんだり、刺激したりして炎症が起きて、肌が赤くなるわけです。

何をつけても赤くなるのですから、そういう患者さんたちは、しばらく化粧品を使わないで様子をみるしかありません。そこで、まずは1か月間、クレンジング、クリーム、乳液、美容液、化粧水、そして、ファンデーションもやめて、洗顔もなるべくせっけんは使わず、水だけにしていただきました。

1か月後に来院したときに、マイクロスコープで肌をみると、何もつけなかった人たちは全員、キメが再生して、肌の乾燥感や洗顔後のつっぱり感もなくなっていました。

いっぽう、キメが改善していない人や悪化している人たちは、決まって、何かをつけた人たちでした。

ところが、何もつけなかった患者さんたちも、肌の乾燥がおさまって、キメができてきたと知ると、ひと安心。もう大丈夫とばかりに、化粧品でケアをはじめます。するとまた、すぐに肌が赤くなってしまうのです。マイクロスコープでみてみると、キメが浅くなっていて、洗顔後のつっぱり感も、もとの悪い状態に戻っています。

化粧品をやめれば、炎症は消える

キメだけではなく、気になるのが炎症でした。敏感肌の人たちでは、ほとんどすべての毛穴のまわりに炎症が起きていたのです。肉眼ではみえないので、本人は気づいていないのですが、毛穴という毛穴はすべて炎症でまっ赤になったり、茶色になったり、クレーターのように大きな穴があいたりしているのです。

その多くは、昨日、今日できたものではなく、長い期間、赤くなったり治ったりをくりかえしてきた炎症のようでした。

それらの炎症も、キメの再生と同じ経過をたどりました。つまり、化粧品をやめて1か月後の肌では、毛穴の炎症も劇的によくなっているのに、化粧品をふたたび使いだすと、また悪化していったのです。

化粧品をつけるのをやめたら、キメも炎症も改善され、またつけはじめたら、悪化した。このことをマイクロスコープの画像がはっきりと示していました。

それからもうひとつ、病院で出していた化粧品を「たまたま切らしてしまって、2か月つけていないんです」などという患者さんの肌の状態がとてもよくなっていたのに対して、きちんとたくさん使いつづけた患者さんの肌は、状態がとても悪かったのです。

「犯人」は化粧品そのものか、あるいは、化粧品の使い方か、どちらかしかありません。おおぜいの女性の肌を、マイクロスコープをとおしてみてきた私の結論は、「その両方」でした。

もはや、化粧品を売りだすことなど、できません。私は化粧品会社創業計画を中止し、それまで販売していた化粧品も、ワセリンとワセリンベースの日焼け止めをのぞいて、販売するのをやめたのです。

それにしても、化粧品を使うとなぜ、どのようにして肌は乾燥し、炎症を起こすのか。それを解きあかしていかなければなりません。

さらに、化粧品をやめたあとのケアとして、肌への負担がもっとも軽い洗顔の方法から、ポイントメイクの落とし方、ワセリンのつけ方にいたるまで、具体的な方法を一から考え直していく必要もあります。

私は、化粧品とのかかわりを断った時点から、新しいスキンケアの理論と実践法をつくりあげることに専念するようになったのです。

何歳からでも肌は美しく再生します

私の提唱するスキンケアの大原則は、「皮膚に明らかに害のある行為を中止する」こと。つまり、害になるものをいっさい肌につけない、使わないということです。

具体的には、クレンジングやクリーム、美容液、化粧水といった基礎化粧品と、ファンデーションなどのベースメイクのすべてを断ち、最終的には、せっけんも使わずに水で洗うだけのケアに徹します。

この方法をすすめても、今までのスキンケアの常識とあまりにちがいすぎて、突飛《とっぴ》すぎて信じられないという方がたくさんいます。

でも、肌のトラブルや皮膚病になって皮膚科を受診したときに、まっとうな医者がどのようなスキンケアをすすめるか考えてみてください。症状が重症なほど、化粧品類の使用の中止を指導されるはずです。そして、おそらく「どうしても皮膚に何かつけたいときには、ワセリンをほんの少量つけなさい」といわれるでしょう。

もうおわかりですね。何もつけない、この方法は、特別なスキンケアではなく、昔から皮膚の治療や皮膚の再生力を最大にするためのケアとして、医学的には常識化している基本的な方法なのです。つまり、そもそも皮膚のトラブルを抱えた人たちのために用意されたものです。

ですから、乾燥肌、敏感肌はもちろんのこと、アトピーの人、ニキビに悩まされている人、アレルギーのある人にも、ぜひとも試していただきたいケア法です。年齢、性別も問いませんし、肌質も問いません。男性でも女性でも、10代でも20代でも、40代でも、70代、80代でもかまいません。何歳でもはじめられます。

これまで10年以上患者さんたちにすすめてきました。多くの女性が悩まされている乾燥肌にはもっとも効果的なケアであること、そして、年々確実に肌が健康で美しくなることは、すでに実証ずみです。

基礎化粧品は麻薬と同じ

どんなスキンケアでもすべての人を100パーセント満足させることは不可能です。私のすすめるスキンケアも試してみたけど自分には合わないからと、途中でやめてしまう患者さんは少なくありません。そういう患者さんたちは、肌が乾燥しているため、毎日何かの成分を皮膚にぬりつづけていないと、肌の調子が保てず、悪化しているように感じられるので、化粧品がやめられないのです。

クリームや美容液などの基礎化粧品をぬると、当然つややかで、しっとりした感触になりますから、かなり乾燥した肌でも、絶好調の肌と錯覚させられます。基礎化粧品には、肌を健康にみせる強力な薬のような効果があるのです。

そのため基礎化粧品をつけるのをやめれば、洗顔後すぐに肌がつっぱり、粉をふき、ひび割れしそうになってしまいます。そこで、あわててクリームや美容液をつける。すると、あら不思議、うるおいのある、ぷりぷりの肌に早変わりです！　基礎化粧品をつけずにはいられない肌になっているのです。

　これはもう、アルコール依存症ならぬ「基礎化粧品依存症」です。極度に乾燥した肌を、基礎化粧品という麻薬でごまかさざるをえないのですから。

　このような女性の肌は肉眼では一見、健康そうです。が、マイクロスコープでほおの皮膚を拡大して調べると、ほとんど例外なく、肌の表面のキメは浅くなって、鉛筆で描いたような線になっていたり、消失したりしています。

　それだけではありません。毛穴が赤く炎症を起こしていたり、炎症後の色素沈着を起こして茶色くなっています。顔全体が赤くなれば、今つけている基礎化粧品が肌に合わなくて皮膚炎を起こしていることがわかるのですが、そこまで強烈な反応を起こさない、軽度の皮膚炎では、毛穴をマイクロスコープで観察しなければわかりません。

　しかし、このような軽度の炎症や乾燥でも、毎日つけつづけていると慢性化して、しだいに重症の乾燥肌、敏感肌に発展し、ひいては、赤ら顔からくすみ、シミ、小ジワ、大ジワへとどんどん肌が老化していき、ますます化粧品に頼らずにはいられなくなるというわけです。１日も早く化粧品を断つべきです。

　結婚式など特別な日を前に、たとえば、ピーリングやパックといったスペシャルケアを加えてケアをおこなえば、いつもよりもいっそう肌が美しくみえるでしょう。しかし、それはたまにするからいいのであって、毎日続けたら皮膚の状態は悪化してしまいます。基礎化粧品も同じです。毎日、最大限美しくみえるようにぬりつづけていたら、肌はしだいに健康ではいられなくなります。そして、肌が不健康になると、やめることができなくなり、基礎化粧品でカモフラージュしつづけなければならなくなります。

皮膚にぬっていれば、美肌にみえて、とても気持ちよく生活できるのが基礎化粧品です。ところが、それらはときとして、アルコール依存症や麻薬患者と同じような状態を引きおこすのです。

悪いとわかっているのに、化粧しつづける人たち

大半の女性は美肌のためによいと信じきって、何らかの基礎化粧品を毎日せっせと肌にすりこんでいます。

私の患者さんたちは、一見、基礎化粧品で害を受けることなく、肌の健康を良好に保っているように思えます。しかし、顕微鏡でみると化粧品成分の入りこんだ毛穴が炎症だらけになっている場合もあります。

肌が健康なままの人は全体のわずか1～2割で、じつに8～9割にものぼる人たちが毛穴が炎症だらけになっているのです。

肌トラブルを抱えながら、それに気づかないまま、化粧品を使いつづけていることは大きな問題です。

私は患者さんに、炎症だらけの皮膚を顕微鏡でみせながらいいます。

「今、使っている化粧品が炎症の原因である可能性が高いので、2～3週間化粧品をやめてみてください。そして、次回の受診時に炎症がよくなっているか、悪化したか、変わらないのか、顕微鏡で調べて今日の結果とくらべてみましょう」

ほとんどの場合、使っていた化粧品をやめれば、数週間後に炎症は改善されるので、患者さんは、毎日顔にぬりつづけてきたものが、自分の肌をこわしていたことを悟ります。

しかし、それでも基礎化粧品をやめようと考える人は少なく、多くは他の害のなさそうな化粧品をみつけてきて、つけはじめます。

そしてまた、毛穴は赤く炎症を起こします。

このような人は、これを何度かくりかえしているうちに、ようやく、基礎化粧品は毎日つけないほうがいいのかもしれないと考えるようになります。にもかかわらず、たいていの患者さんはそれでもなお、何かを顔につけないと不安でしょうがないのです。

多くの女性たちは、美肌のためには化粧品によるスキンケアが欠かせない、というメーカーの主張をくりかえし、くりかえし聞かされ、雑誌などで読まされてきました。この「マインドコントロール」を解くのは、至難《しなん》の業《わざ》だと思い知らされる毎日です。

人は、肌をけなされると全否定された気になる

顕微鏡による本人の肌の拡大写真と、25ページの4段階の肌の写真とを、患者さんと一緒にみくらべながら、

「あなたの肌は、この中でいちばん老化・乾燥している、Ⅲですよ。これからは、基礎化粧品は使わないようにしてくださいね」

ほとんどの女性が私のこの言葉に強い衝撃を受けるようです。無理もありません。老化した肌だといわれただけでも傷つくのに、お金と時間と手間を費やしてきた長い歳月を、そして努力の日々を、否定されるのですから。「自分が全否定された気がします」といって怒った女性もいました。

肌によいとずっと信じてきた化粧品をやめるとなれば、不安や迷いや葛藤《かっとう》があって当然

です。しかも、宇津木流スキンケア法をスタートしたばかりの頃は、肌の乾燥がひどくなったように感じるのがふつうです。

なぜなら、それまでずっと化粧品によって皮膚のバリアをこわしつづけてきたので、本当は極度の乾燥肌になっています。

それを、化粧水やクリームなどをたっぷりつけて、肌の表面をベタベタ、ギトギトにすることで、うるおっていると錯覚していたのです。クリームのべたつきで乾燥をごまかしてきたわけですから、それをやめれば、新しい健康なバリアが回復するまでの間、乾燥感があるのは当然なのです。

ようするに、化粧水やクリームなどはその場しのぎのごまかしにすぎません。その化粧水やクリームで、実際にはかえって肌を傷めていたのです。

基礎化粧品をやめると、その場しのぎはもはや通用しません。しばらくは、肌は乾燥し、その乾燥した肌が化粧水やクリームなしでむきだしにされるので、人によっては粉をふいたりします。

そのため、前にも述べたように、言葉は悪いけれど、麻薬患者がクスリを求めるように、化粧水やクリームなどをつけたくてたまらなくなるのです。

その時期をなんとか乗りこえれば、肌はやがてかならず健康をとりもどして、乾燥もおさまってくるのですが、残念ながら辛抱できずに脱落してしまう患者さんが少なくありません。この時期に、どうしても何かつけたい場合は、微量のワセリンだけはつけることができます。しかしそれ以外ですと、元の木阿弥《もくあみ》になります。

けれど、顔を水だけで洗い、そのあと何もつけないスキンケアを数か月持続できたら、そのシンプルさがたまらなく心地よくなるでしょう。

そして、化粧品を肌につけることに抵抗感を覚えるようになり、体も心も、あともどりできなくなるはずなのですが……。

妻ですら化粧品を手放せなかった!?

じつは私の妻も私のすすめるスキンケアをはじめてみたものの、実際にはなかなか受けいれることができなかったのです。

だいたい、妻は夫のいうことなど信用しないものなのに、そこへもってきて、いきなり「化粧品はやめたほうがいいよ」ですから、すんなり受けいれろといっても、無理な相談でしょう。

しばらく我慢してみるものの、そのうちこっそり化粧品を使ってしまうという状態だったようです。

妻の顔が化粧品でまた炎症を起こしているのをみて、「なんでまた化粧品をつけるの？ぶつぶつができてるじゃない」。

すると妻は、「なんにもつけないから、こんな粉をふいたみたいになっちゃって、小ジワだらけになるんじゃないかと心配なのよ」とか、「あなた以外、誰もそんなスキンケア法をすすめている人がいないのはなぜ？」などと抵抗します。何度かこんな夫婦喧嘩をしたものです。

たしかに、そんなスキンケア法を提唱している人は、ほとんどいなかったわけです。それでも「そのうちかならずきれいになるから、もうちょっとがまんして続けてみてよ」などと励ましつつ、「クリームが抜ければ、少しカサカサになるのはあたりまえなんだよ。そもそも肌はベタベタしたものではなくて、さらっとしているものなんだから」などと懸命に説得しました。

そのかいあってか、2～3年かかって、ようやく私の妻は完全に化粧品をやめてくれました。

以来、ずっとポイントメイクだけで、ファンデーションもつけていません。スキンケアも水で洗うだけです。この宇津木流スキンケア法を実行するようになって10年ほどになりますが、ケアをやめて2年目くらいからずいぶんとキメがこまかくなり、じつに健康な肌になりました。

はじめた頃を思いだして、妻はこういいます。

「最初の数か月間、本当にこんなやり方でいいのかと疑問が頭をもたげてくるたびに、答えてくれて、激励してくれるアドバイザーが身近にいなければ、挫折したかもしれないわ。絶対にそのかわりになるくわしい本が必要よ」

以前は、海外に行くと、たくさん化粧品を買っていましたが、鏡台の上にずらりと並んでいた高価な化粧品も、今は1本もありません。「きれいな肌になってうれしい！　しかも簡単でいうことなし」と、今では感謝されています。

私の提唱するスキンケアはお金も時間も手間もかかりません。

高価な化粧品の誘惑に負けるな

みなさんがなかなか化粧品をやめられないのは、ひとつには、いたるところに誘惑があるためだと思います。

たとえば、友だちが「このクリームを1か月使った人が、高いけど、すごくいいから使ってみて、とプレゼントしてくれたのよ」などといってきます。何もつけないスキンケアをはじめたばかりで、粉をふいていたりすればとくに、そのクリームにはそそられることでしょう。

それらの誘惑に乗らないためにも、また、途中で気持ちがくじけないためにも、ここはひとつ、水で洗顔するだけの宇津木流スキンケア法の必要性をしっかりと理解して、「理論武装」するべきだと思います。

というわけで、次の章ではまず、皮膚がどのような構造をし、機能しているのかをみていきましょう。

第2章

「肌」には奇跡の再生力が存在します

80歳をすぎてもマシュマロ肌でいるために

私のこれまでの患者さんで、いちばんきれいな肌をしていた女性は、80歳を少しすぎていました。白い肌はふわふわとやわらかく、ほおのあたりがうっすらピンクに染まっていて、まるで白とピンクのマシュマロみたいでした。

その方は長年、うぐいすのふんで顔を洗っていたそうです。昔は、うぐいすのふんが洗顔剤がわりに使われていたのですね。でも、だんだん手にはいらなくなってしまった。それからはずっと水だけで顔を洗うようになり、お化粧も水で落とせる「水おしろい」にしたというのです。

化粧水やクリームはいっさいつけず、ましてやマッサージやパックなどしたことがない。水で洗う以外、なんの手入れもしてこなかったのです。

生まれもったものもあるでしょう。でも、その美しさを、80歳をすぎてもなお保ってこられたのは、化粧品を過剰に使ったスキンケアをいっさいしてこなかったためだと、私は確信しています。

皮膚のメカニズムは奇跡としかいえないほどすばらしいのです。肌本来の力を信じれば余計な化粧品を使わなくても、きれいな素肌が保てるのです。

人体は奇跡の集合体。人間が生きていること自体、じつに奇跡です。そして、皮膚のメカニズムのすばらしさもまた奇跡的です。

たとえば、皮膚は体の表面をカバーして水分の蒸発を防ぐという重要な役割をしています。この役割をはたすために、皮膚の細胞はみずから保湿成分をつくりだしています。これを「自家保湿因子」といいます。

世界中の化粧品会社が莫大《ばくだい》な資金と時間と労力をつぎこんで研究し、さまざまな保湿成分を開発していますが、どれも肌自身がつくりだす自家保湿因子の保湿力の足元にもおよびません。人工的につくった保湿成分は、人間の肌自身がつくる保湿力の1パーセントの効果も発揮できないものばかりです。

桁はずれに高い効果を誇る自家保湿因子に、人工的なオイルやクリームを混ぜても、それらは「不純物」にすぎません。そんなものをつければ、肌本来の保湿力をダウンさせるだけ。決して「もと以上」にはならないばかりか、「もと以下」になってしまいます。

この章では、世界にふたつとないすばらしい保湿メカニズムをつくりだす皮膚の構造としくみについて、じっくりとみていくことにしましょう。

肌の基本①〈表皮と真皮〉

皮膚は人体で最大の臓器です。成人の全身の皮膚を広げると、畳約1畳分にもなり、重さも約3～4キログラムと、堂々の第1位です。2位は脳の約1.4キログラム、3位は肝臓の約1.2～2キログラムですから、いかに重いかがわかります。

この人体最大の臓器は、皮膚の表面をおおっているとても薄い表皮《ひょうひ》と、その下にある厚くて丈夫な真皮《しんぴ》との、ふたつの層からできています。厚くて丈夫な真皮は、その上の薄い表皮を支える「裏打ち」のようなものです。皮膚はいわば、厚くて丈夫なタオルの表面に、薄いラップを貼りつけたような構造をしているわけです。

表皮の厚さはわずか0・04～0・07ミリメートル。ラップ1枚ほどの厚さですが、そこには表皮細胞が5～10個、重なるように並んでいます。生きた細胞の層なのに、そこには細胞に栄養を供給したり、老廃物を排泄したりするための血管もリンパ管もありません。そのような環境のもとで、無数の細胞が生きて活動しているというのは、ちょっと不思議な気がします。

真皮は表皮のざっと10倍ほどの厚みがあり、おもに、弾力に富んだ丈夫なコラーゲン線

皮膚の構造

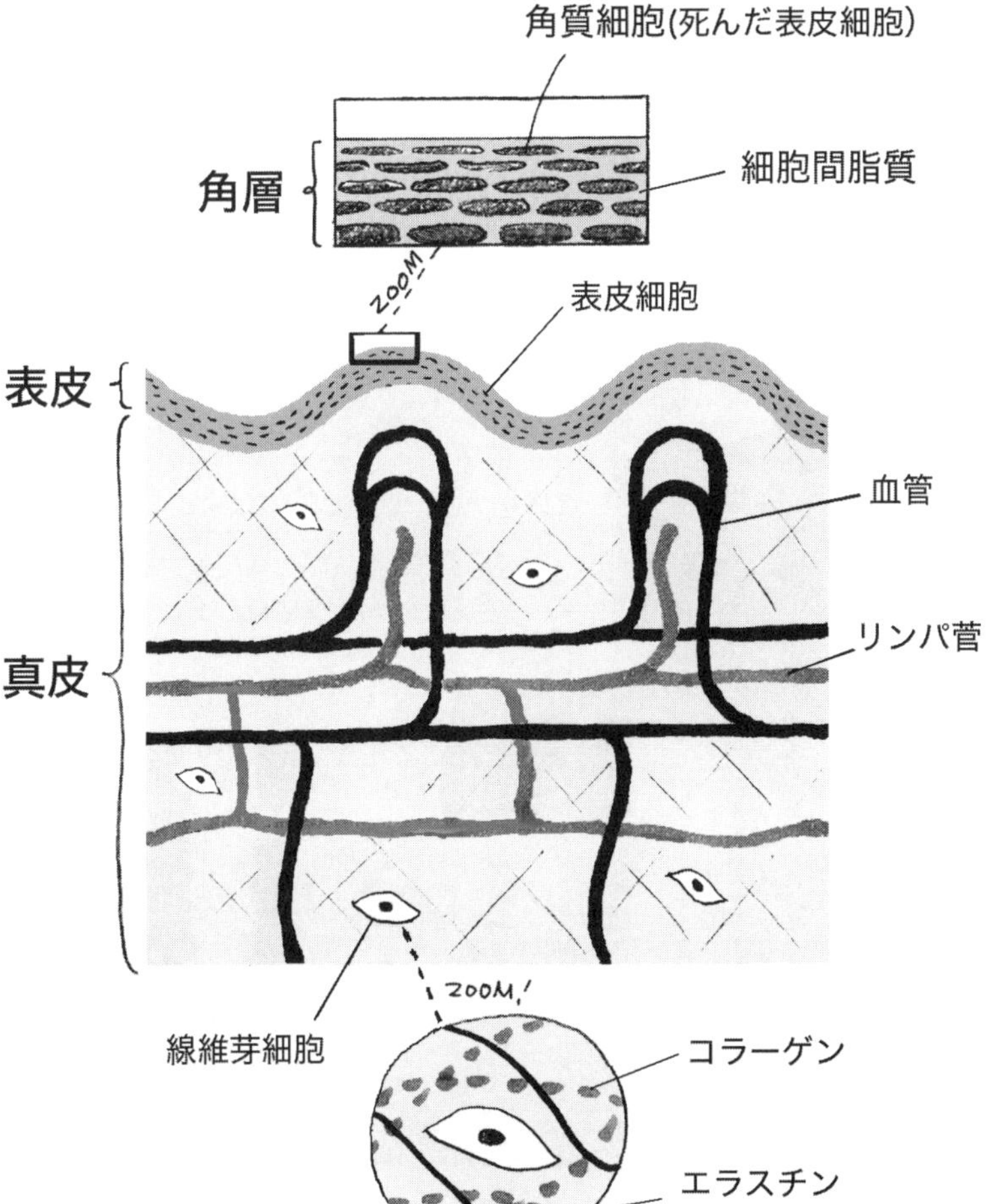

角質細胞(死んだ表皮細胞)
角層
細胞間脂質
ZOOM
表皮細胞
表皮
血管
リンパ管
真皮
ZOOM!
線維芽細胞
コラーゲン
エラスチン

維と、それを製造している線維芽《せんいが》細胞で形成されています。肌に弾力やハリがあるのも、この真皮のコラーゲン線維のおかげです。

ちなみに、革のバッグや靴に使われるのは、牛などの真皮の部分。いかに丈夫かがわかります。なお、真皮には、表皮とちがって、栄養を吸収し、老廃物を運ぶための血管やリンパ管が縦横にたくさん走っています。

肌の基本②〈角層〉

皮膚にはもうひとつ、絶対に忘れられない層があります。角層です。表皮の表面部分、つまり皮膚の外側表面をおおっています。この角層はなんと死んだ細胞の集合体！　表皮細胞がぺちゃんこになった硬い「死体」たちです。この死体たちは角質細胞とよばれます。

角層では6角形、または5角形の角質細胞が10層ほどびっしりと重なりあっています。角質細胞と角質細胞の間には脂性の「糊《のり》」があり、細胞同士をしっかり貼りあわせています。この脂性の糊を細胞間脂質といい、保湿の重要な主役となります。そして、細胞間脂質の主成分が、よく聞かれるセラミドです。

角層の構造はよく、皮膚科の教科書などで、「レンガ」と「モルタル」にたとえられます。

レンガが角質細胞で、モルタルが細胞間脂質です。つまり、角層は死んだ角質細胞というレンガと、細胞間脂質というモルタルとが何層にも重なりあった、丈夫でしなやかな「壁」といえます。

それだけではありません。細胞間脂質の中を電子顕微鏡でのぞくと、水、油、水、油、という形で、油と水の層が交互に、いく重にも重なっているのがみえます。細胞間脂質の中でも2種類の性質の異なった「材料」で壁が形成されているのです。細胞間脂質が保湿の主役であるのも、この構造のためです。

このように角層は、角質細胞と細胞間脂質からなる「レンガ＋モルタル」という構造の壁と、細胞間脂質の中の「水＋油」による壁との、二重構造になっているわけです。この二重構造の壁、角質がラップのように皮膚をおおって、乾燥などから皮膚を守る保湿膜として働いているのです。

角層という保湿膜のおかげで、体内の水分がたやすく蒸発することはなく、また、外部からの化学物質や異物も容易には侵入できません。角層は皮膚の最前線で、もっといえば体の最前線で、体内の水分の蒸発を防ぎ、外部からの化学物質や異物の侵入も防ぐ、きわめて強力なバリアとして機能しているのです。

死んだ角質細胞のつくりだす0・02ミリメートルほどの膜、角層が、それほど重要な働きをしているとは、まさに奇跡です。そしてそれは、「レンガ＋モルタル」という角層の構造による奇跡にほかなりません。

肌の基本③〈新陳代謝〉

では、角層をつくる表皮細胞はどこで生まれ、どのような一生をすごすのでしょう――。

表皮の最下部に位置し、真皮との境の波状に入りくんだ部分が基底層です。基底層には母細胞とも呼ばれる基底細胞がならんでいて、そこではつねに細胞分裂がおこなわれて、新しい表皮細胞が次々に生まれています。

表皮細胞は生まれて14日ほどで角層のすぐ下までたどりついて、そこで死を迎えます。表皮細胞の寿命は14日ほどしかないのです。

人間なら死んだ時点ですべての役割を終えますが、皮膚の細胞は死んでからが、いわば「本番」です。そのあと角質細胞となって、保湿バリアとして大活躍するわけです。

角質細胞もまた、下からやってくる新しい角質細胞によって徐々に押しあげられて、10日前後で最上部に到達します。この間、バリア機能をになうまでに成熟した角質細胞は皮

新陳代謝のしくみ

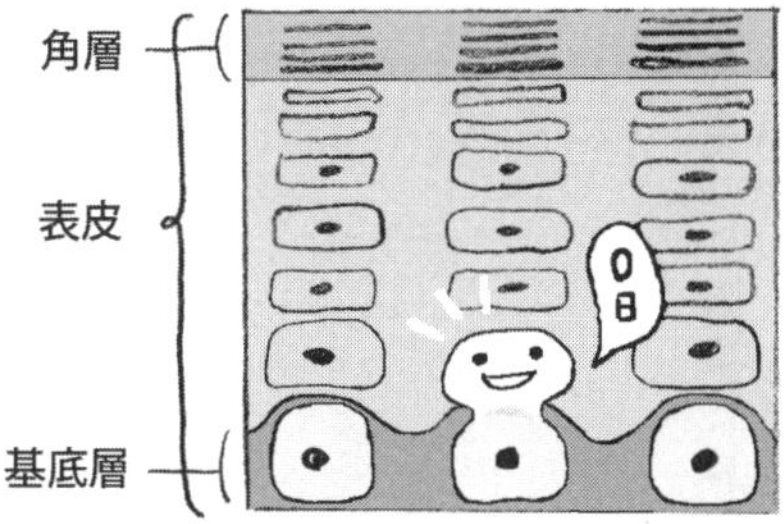

①基底層で、表皮細胞が生まれる。

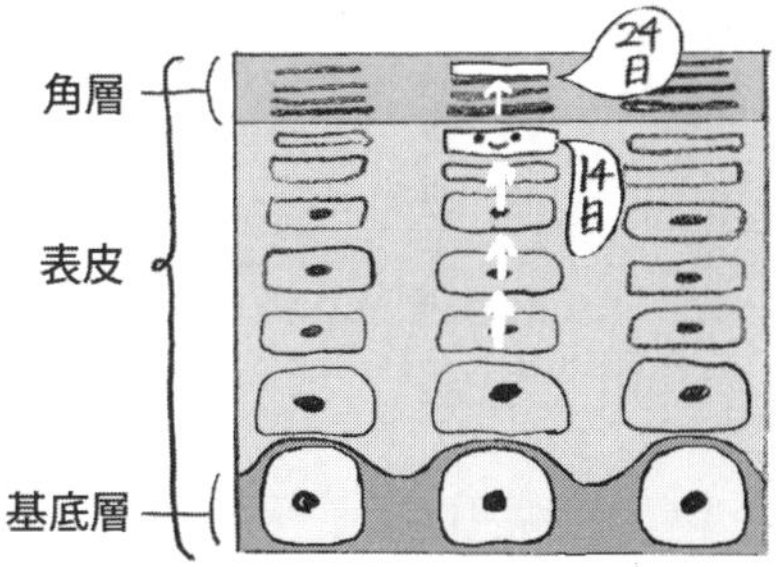

②14 日ほどかけて、角層のすぐ下まで押しあげられる。死んで角質細胞になったのち 10 日前後で最上部へ。

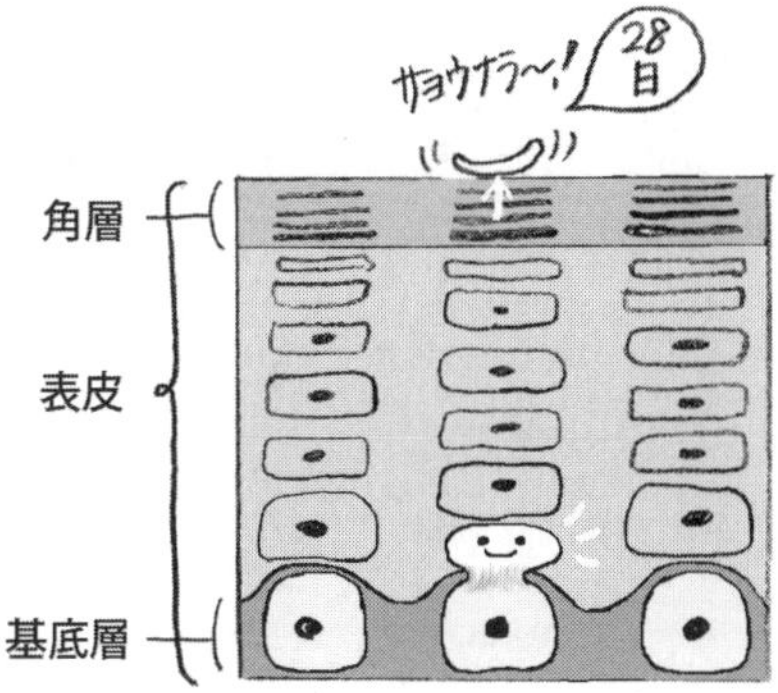

③角層の表面で 3〜4 日、肌を守る役目をはたすと、垢となってはがれおちる。ひとつはがれると、下の基底層で新しい細胞がひとつ生まれる。

膚の表面で3〜4日間、乾燥や外界の刺激から肌を守る役目をはたしたあと、垢となってはがれ落ちます。そうして、すぐ下に控えている角質細胞に役目をバトンタッチします。

さらに、任務をはたした角質細胞が最後に垢として落下したとき、そのシグナルは基底層に伝わって、新しい表皮細胞が1個生まれます。

ちなみに、皮膚表面がつねに平らな状態を保てるのには理由があります。1個落ちたら、1個生まれるというように、角質細胞と表皮細胞の増減がつねにコントロールされているためです。

以上のように、皮膚ではつねに細胞が生まれては死んで、新しい細胞と入れかわっています。これを皮膚の新陳代謝といい、新陳代謝によって新鮮な細胞がいつも皮膚に供給され、その結果、皮膚はつねにフレッシュな状態に保たれているのです。

理想はどんな肌ですか?

表面の角質細胞が1個はがれ落ちると、それがシグナルとなって基底層で新しい細胞がひとつ生まれると書きました。

逆にいえば、新しい細胞が生まれるためには、表面の角質細胞がスムーズにはがれ落ちる必要があるのです。

正常な皮膚では、表面の角質細胞が空気にふれて乾燥すると、火であぶられたスルメがカールしてめくれあがるように垢としてはがれ、自然に落下していきます。

規則的にはがれ落ちていれば、基底層でも次々に新しい細胞が生まれます。すると、表皮が厚くなり、その分、肌の表面に波打つ余裕が生じて、キメが深くなり、キメに囲まれた網目模様の中も勢いよくふっくらと盛りあがります。

しかし、化粧水やクリームなどをつけて肌の表面をベタベタにしていると、角質細胞は乾燥せず、カールもできないので、はがれにくくなります。

つまり新しい細胞が生まれにくくなります。この例からもわかるように、皮膚表面は多少乾燥しているほうがよいのです。

まだ顔に化粧品をつける習慣のない、10代の美しい肌の女性がいたら、ぜひその肌にふれてみてください。しっとりとか、吸いつくような感じではなく、むしろやや乾燥気味で、さらさらしているはずです。そのほうが、角質細胞がはがれやすいからです。

10代の、何もつけてない健康で桃のような肌なのに、しっとりしていると感じるのなら、汗ばんでいるか、疲れて交感神経が緊張してオイリーになっているかのどちらかでしょう。

理想の肌は「しっとり」ではなく、「さらさら」だと覚えておいてください。

肌の基本④〈自家保湿因子〉

皮膚の水分の蒸発を防ぎ、同時に、外部からの化学物質や異物の侵入も防ぐ保湿膜として働いている角層。このようなバリア機能を角層が発揮できるのも、レンガにたとえられる角質細胞と、モルタルにあたる細胞間脂質がいく重にもぎっしりと積みかさなって、丈夫でしなやかな壁をつくっているためです。

では、このすばらしい壁はどのような「材料」でできているのでしょう? それが、さきほどから何度かでている自家保湿因子なのです——。

レンガである角質細胞は、表皮細胞が死んでできたもの。表皮細胞の中には細胞核をはじめいろいろな物質が含まれていて、それらが変化したものが材料となります。これはアミノ酸を主成分にした水溶性の保湿因子で、天然保湿因子といいます。

モルタルにあたる細胞間脂質に含まれているのは、セラミドを主成分とした脂溶性の保湿因子です。これら、レンガの材料である水溶性の天然保湿因子と、モルタルの材料である脂溶性の保湿因子とをあわせて、自家保湿因子とよびます。

まず、レンガの材料、水溶性の天然保湿因子についてみていきましょう。

表皮細胞が死んで角質細胞に変わると、細胞核などの内容物は分解されます。それらは角質細胞が表面に押しあげられるにつれて少しずつ変化していきます。ちょうど大豆が酵素の働きによって味噌に変わっていくように、徐々に熟成して、保湿力を高めていくのです。そして、垢となって脱落するまでの最後の3～4日前に、保湿機能の熟成度は頂点に達します。

いっぽう、モルタルの材料である細胞間脂質の中身も、表皮細胞の死とともに変化をはじめます。

はじめのうちは未熟ですが、角質細胞とともに表面へ押しあげられるにつれて熟成して、天然保湿因子と同時に熟成度は頂点に達し、セラミドを主成分とした、しっかりとした脂溶性の保湿因子が完成するのです。

このように、水溶性の保湿因子と脂溶性の保湿因子、つまり2種類の自家保湿因子は、ともに垢となって脱落する3～4日前に最高の保湿機能をもつまでに熟成するわけです。細胞の層としては2～3枚分です。角層の最上部のこの部分が、角層のバリア機能をになう主役なのです。そこに含まれる熟成した自家保湿因子は、何十万円もする化粧品でも太刀打ちできない、すばらしい保湿力をそなえています。

たとえば、角層の中にある水分は、何種類ものアミノ酸やたんぱく質と結合したり、電解質になったりして存在しています。ただの真水でもなければ、ただの電解質でもありません。アミノ酸やたんぱく質といった分子と結合していたり、電解質を含んだ不凍液のような状態になっている。だからこそ、湿度が10パーセントを切っても蒸発しないし、マイナス40度でも凍ることはないのです。

そのおかげで、湿度が10パーセントを切るような砂漠を何日走っても、水さえ飲んでいれば、ミイラのように完全に乾いてしまうことはないし、マイナス40度の極寒の地で働いても、皮膚の表面が凍って、ちょっと笑ったら肌がパリッと割れました、なんてことはありません。

細胞間脂質についても、同様です。細胞間脂質には主成分のセラミドのほかにもコレステロール、遊離脂肪酸などが含まれています。しかも、セラミドひとつとってみても、さまざまな種類のセラミドが絶妙なバランスで組みあわさっています。

複雑なバランスでできあがっている細胞間脂質は、1種類や2種類のセラミドを配合しただけの人工的なクリームなどでは代用できません。不純物として作用し、かえって微妙

保湿因子ができるしくみ

表皮細胞が死んで角質細胞になると、細胞の内容物が熟成して「天然保湿因子」に生まれ変わる。

同時に、「細胞間脂質」も熟成が進むと…

↓

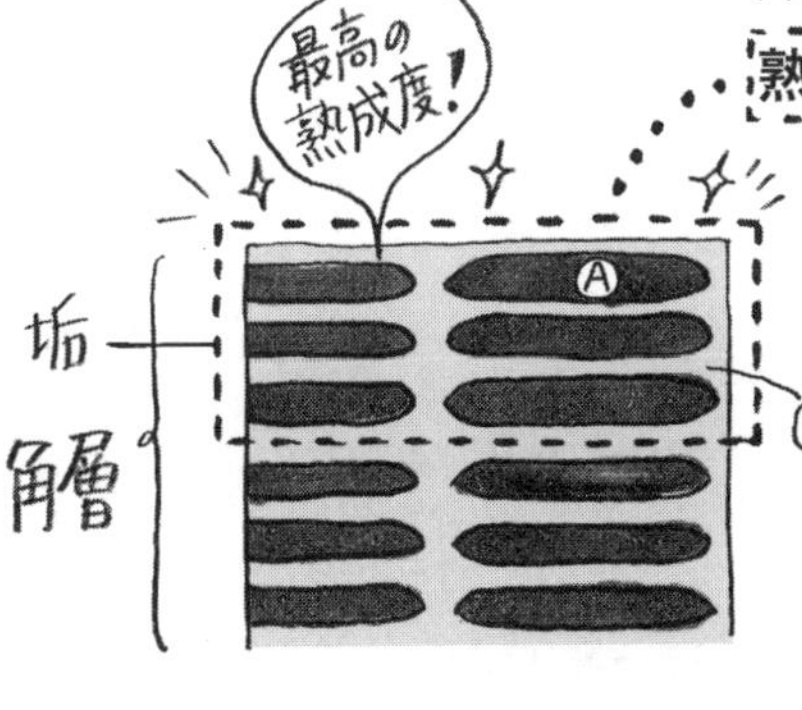

バリア
熟成した保湿因子の完成!

水溶性の天然保湿因子(アミノ酸など)…… Ⓐ

脂溶性の細胞間脂質(セラミドなど)…… Ⓑ

なバランスをこわしてしまうだけです。もちろん、同じことが天然保湿因子についてもいえます。

けれど、このすばらしい自家保湿因子も、「レンガ+モルタル」という構造があってこそ、能力が発揮できるのです。仮に、自家保湿因子に含まれるさまざまな成分とそっくり同じ成分を、そっくり同じ割合で配合した化粧品をつくったとしましょう。それをいくら顔につけても、肌の保湿力もバリア機能も高まることはほとんどありません。レンガとモルタルのそれぞれの材料をグチャグチャに混ぜたものを使っても、丈夫な壁がつくれないのと同様です。「肌に足りない成分は化粧品で外から足せばよい」という考え方は、自家保湿因子のすばらしさだけでなく、そもそも角層の奇跡的な構造を無視した、あまりにも単純すぎる発想です。

肌の基本⑤〈皮脂〉

皮脂は肌の上で汗と混ざりあって、皮脂膜をつくり、肌を乾燥から守っている――。皮脂には皮膚を保湿する働きがある、という説は、30年以上前に否定されています。

皮脂は皮脂腺から分泌され、その皮脂腺はすべて毛根内部についています。皮脂は、人

皮膚と皮脂腺

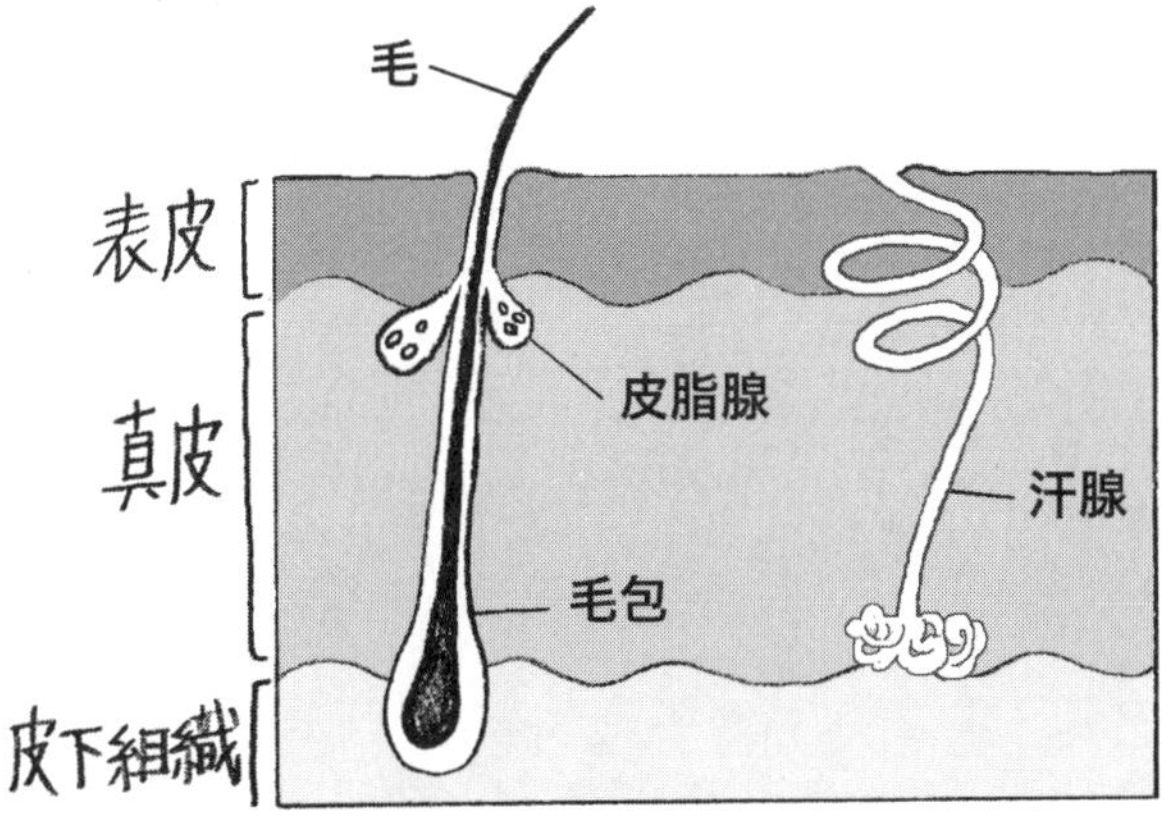

の体がふさふさの毛におおわれていた頃の名残です。

皮脂が毛の表面をコーティングして、なめらかな状態にしていたのです。そのおかげで、毛玉になったり、毛同士がからまったりしないようになっていました。皮脂というより毛脂というべき性質のものです。

そのいっぽうで、肌にとってはダメージを与えます。皮脂は時間がたつと酸化して、過酸化脂質に変化します。つまり、腐るわけです。腐った脂肪は、皮膚を刺激して炎症を起こし、それが何度もくりかえされると、組織に慢性的ダメージを与えます。

その証拠に、だれでも体の中で肌のいちばんきれいな場所といえば、腕の内側やももの内側、胸まわりなど、毛の少ないところです。毛が少ないということは、皮脂腺も少なく、分泌される皮脂の量も少ないので、過酸化脂質によるダメージも少ない。だから、キメのこまかい、美しい肌が保たれているわけです。

顔や背中、おしりなど、皮脂腺が比較的多い肌は、他の部分にくらべてキメが粗くて、あまりきれいとはいえません。皮脂が多く分泌されている肌ほど、腐った皮脂によるダメージを受けやすいことが、重要な要因のひとつになっていると思われます。

「先生、顔は外に出ているけれど、腕の内側は洋服で保護されている。だからきれいなんじゃないんですか?」という人がいました。

それも一理あると思います。でも、腕やももの内側にしろ、胸のまわりにしろ、洋服でつねにこすられています。負担がかかっているわけです。それなのに、そういった場所の肌はきれいに保たれているのです。

「紫外線をほとんど浴びないからでしょ」という人もでてきます。

それなら、ヨーロッパの人たちをみてください。彼らの日焼けの仕方は半端じゃありません。夏の間中、炎天下で寝そべって焼きつづけている。腕の内側だって、わざわざ万歳《ばんざい》してよく焼いている。それでも、腕の内側も、ももの内側も、胸まわりも、肌のキメは他の部分よりもずっとこまかくて、きれいなままです。

また、子どもの頃から日にほとんど当たったことのない人でも、同様の肌のキメのちがいは明らかです。

皮脂膜をつくっている皮脂にも、保湿効果がありますが、それは保湿効果全体の1パーセントにもなりません。99パーセントは自家保湿因子の力によるものなのです。皮脂にはほとんど保湿効果がないばかりか、むしろ肌にダメージを与えかねないものなのです。

肌の基本⑥〈常在菌のはたらき〉

肌を守っているのは、肌自身の力もさることながら、頼もしい「助っ人」の存在も無視できません。常在菌《じょうざいきん》たちです。

人体にはおびただしい数の、さまざまな種類の細菌が棲みついています。この細菌たちを常在菌といいます。常在菌は棲まわせてもらっているかわりに、人体にいろいろな「貢献」をしています。人体と常在菌は共存共栄の関係にあるのです。

常在菌は皮膚にも棲みついていて、とくに毛穴の中には奥まで入りこんでいます。

そのいちばんの働きは、カビや酵母菌、雑菌などから肌を守ること。つまり、常在菌は私たちの皮脂や汗を食べて、酸を排泄し、この酸のおかげで皮膚はつねに弱酸性に保たれているのです。

カビや酵母菌、雑菌などはアルカリ性を好むため、常在菌によって弱酸性に保たれている皮膚には近づけないし、中へ侵入できないというわけです。

けれど、常在菌はそれだけでなく、ほかにも重要な働きもしているのではないかと思います。たとえば、表皮を活性化させるような栄養分を提供しているのではないかと、私は考えています。

この章のはじめにも書いたように、表皮には血管もリンパ管もきていません。

表皮細胞の考えられる栄養源として真皮からしみこんでくる組織液と、そして、毛根や汗管などに入りこんで表皮細胞に接している常在菌から供給されている可能性はあると思われます。実際、皮膚の常在菌がさまざまな代謝をしていることは、すでに明らかになっています。

化粧品で肌のサイクルをとめないで

角層の表面には、拡大すると網目状の溝が走っています。この溝が肌のキメで、皮溝と

肌のキメ

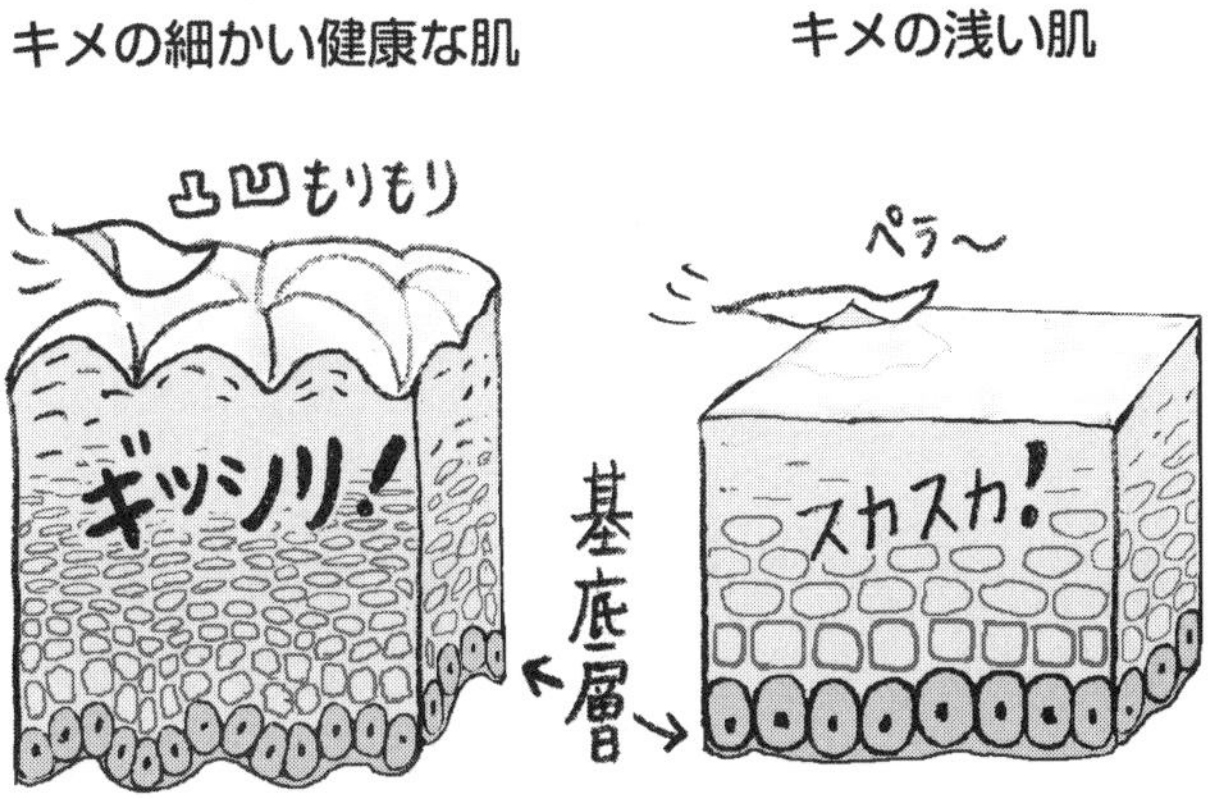

キメの細かい健康な肌
キメの浅い肌

もいいます。

では、いったいそのような皮溝、つまりキメがどのように角層の表面にできるのでしょうか？

真皮と表皮の境を顕微鏡でみると、真皮と表皮が交互に入りこんだり、出たりしながら噛みあって波形になっています。

この凹凸にともなって、角層の表面も入ったり、出たりしてキメをつくっているようにみえます。

健康な肌では角層のキメが深く、また、表皮と真皮も深くしっかりと噛みあっています。けれど、キメが浅いと、表皮と真皮の噛みあわせも浅い。そして、キメがなくなっている肌では、表皮と真皮の境は平らです。

この表皮と真皮の境の部分は、ちょうど表皮細胞が生まれる基底層にあたります。基底層が平らでは基底細胞の数が少なくなるので、新しい表皮細胞や角質細胞は不足してしまいます。

すると、皮膚は広がる力がなくなり、縮むので細胞がたがいに引っぱりあうようなかたちになるため、皮膚はぴんぴんに張ってしまい、そうなれば、キメなどできる余裕はなくなってしまうわけです。これが萎縮した皮膚という状態です。

また、角質細胞が垢となって1個はがれ落ちると、それがシグナルとなって基底層で表皮細胞が1個生まれます。だから肌はどの部分でもつねに平らで、凸凹にならないのです。要するに、通常皮膚の調整は、皮膚表面の死んだ角質細胞がおこなっているということです。

角層がダメージを受けて保湿膜とバリアが破壊されれば、表皮全体が薄くなり、それにともなって真皮も薄くなり、皮膚全体が薄くなってしまうのです。

皮膚全体が薄くなると、くすんでみえたり、小ジワができやすくなりますし、また、皮膚の下の血管や筋肉が透けやすくなるため、色ムラも生じるわけです。

間違ったスキンケアで角層がダメージを受ければ、その影響は皮膚全体におよぶのです。

「肌の中まで影響するわけではないから、表面に何をつけてもいいじゃない」などと、のんきなことはいえません。いちばん表面の角層が皮膚全体を調整しているのですから、正しいスキンケアがとても重要なわけです。

ところが、世界中のほとんどの女性がよいと信じておこなっている日々のスキンケアの多くが、じつは肌を傷めているのです。

Column

腸内細菌と常在菌

人体では日々、おびただしい数の細胞が新しく生まれて、古い細胞と入れかわっています。細胞のこのような新陳代謝には、さまざまな栄養素が必要になり、口からとる食物だけでは、すべてまかなうことはできません。

なのに、毎日、体内では必要なすべての栄養素がきっちりつくられて、細胞などに提供されているのは、腸内細菌のおかげです。つまり、60～100種類、100兆個にもおよぶ腸内細菌が一致協力して、不足している栄養素をつくりだしているからにほかなりません。

たとえば、草しか食べない牛でも、細胞の新陳代謝にはたんぱく質が不可欠です。牛は肉や豆を食べなくても、腸内細菌がたんぱく質のもととなるアミノ酸やペプチドなどをせっせとつくりだしてくれています。ライオンは肉しか食べないけれど、ビタミンやミネラルは足りています。やはり、腸内細菌の活躍のおかげです。

腸内細菌のこのような奇跡的な仕事ぶりを考えるにつけ、毛穴などにびっしりといるおびただしい数の常在菌も、ただ雑菌を寄せつけないためだけにそなわっているのではなく、腸内細菌と同様、必要な栄養を皮膚に提供しているのではないかと想像するわけです。

第3章

あなたの肌をダメにする「化粧品」のウソ・ホント

化粧品の5つの害を知っていますか？

肌のしくみや働きがわかったところで、次は化粧品を使うことの弊害について考えていきましょう。

どんなに高価な化粧品でも、世界一の保湿力をほこる自家保湿因子にとっては「不純物」にすぎない以上、何もつけないのがいちばん。それなのに、ほとんどの女性が正反対のスキンケア法を続けています。そのせいで、肌は乾燥し、くすみ、シミやニキビも増やしているというのに。

そこで、この章では化粧品によるスキンケアが肌にどのような害をおよぼし、どれほどの負担をしいているかを具体的にみていきましょう。

化粧品によるスキンケアの弊害は——、

①水の害、②界面活性剤と油の害、③防腐剤の害、④こする害、⑤洗いすぎる害

以上、5つです。ひとつずつ、しっかりと考えていきましょう。まず、水の害についてくわしく説明します。

水の害

◯ぬれた手を拭きたくなるのはなぜ？

水が肌によくないといったら、意外に思うかもしれません。

雑誌やテレビ、化粧品のカウンターなどでは、「肌の保湿には水分補給が大切」とさかんに説明しています。でも、水が肌によくない証拠は、ふだんの生活習慣の中にあります。

私たちは、日頃、手や顔に水がついたらどうするでしょうか？ 無意識に、すぐ拭いてしまうのではないでしょうか？ 肌によいものなら、誰もが徹底して拭きたくなるはずがありません。

また、水を外から補って、肌がみずみずしくなるのなら、顔を洗ったあとや湯上がりに、水分をすぐに拭きとらないでそのままにしておけばよいはずです。「洗顔後は水を拭きとる前に2分間のうるおいタイムをおきましょう」などという美容習慣がどこかにあってもよさそうなものです。

でも、そのような美容法は世界のどこにも聞いたことがありません。

なぜか？　皮膚についた水は皮膚をこわすからです。皮膚には体内の水分の蒸発を防ぎ、かつ、外部からの化学物質や異物の侵入を防ぐバリアとしての機能があります。そのような習慣や美容法を続ければ、この肌のバリアが確実に破壊されてしまいます。人はそのことを本能的に知っている。だから、手や顔についた水をすぐに拭こうとするのだと思います。

○肌のバリアをこわす化粧水

たしかに香粧品学《こうしょうひん》（化粧品やヘアケア製品などを研究する学問）の教科書には、化粧水の役割は皮膚に水分を供給して保湿することとありますし、化粧品会社もそう説明して販売しています。

けれども、化粧水にも水にも、肌をうるおす効果はありません。それどころか、肌をかえって乾燥させてしまいます。というのも、水は皮膚の表面をこわしますし、化粧水も約9割が水でできているからです。

では、水は皮膚の表面をどのようにこわすのでしょう？

皮膚自身がつくりだしている自家保湿因子のひとつ、天然保湿因子は、真水などとはまったく異なり、さまざまな種類のアミノ酸やたんぱく質の分子が結合していたり、電解質の形で存在したりしています。だからこそ、肌をうるおすことができ、また、皮膚の中の水分も蒸発しないですむのです。

ところが、化粧水などに含まれるのはただの水ですから、肌をうるおすこともできないし、時間がたてば、その水はかならず蒸発します。そして、皮膚の上の水が蒸発すると、ちょうど、ぬれた新聞紙が乾いたときに、ごわごわになってめくれあがるように、最上部の角質細胞の端がめくれあがったり、浮きあがったりします。つまり、肌についた水は皮膚の表面をこわすというわけです。

肌の最上部の角質細胞がめくれあがった状態では、皮膚の中の水分は、その隙間からどんどん蒸発しますので、肌は乾燥します。化粧水という水は肌をうるおわせることができないばかりか、反対に肌を乾燥させてしまうのです。

「でも、化粧水には水以外にも、ヒアルロン酸などの保湿成分が入っているから、肌はうるおうはず」。化粧品に少しくわしい女性なら、そう思われるかもしれません。

しかし、これも大いなる誤解なのです。

化粧水の約9割は水でできていますが、防腐剤や香りの成分、さらに、最近の保湿化粧水ではヒアルロン酸やコラーゲンなどの、いわゆる保湿成分なるものが含まれています。

では、ヒアルロン酸やコラーゲンなどの「保湿成分」が配合されていれば、肌はうるおうのでしょうか？　残念ながら、水だけよりもさらに乾燥させてしまいます。

化粧水の水は肌につけても、いずれ蒸発します。そこで、ヒアルロン酸やコラーゲンを入れてとろみをつけることで、水の蒸発を少しでも遅らせようというのが保湿化粧水です。

ところが、水分が肌に長くとどまれば、それだけ多くの水分が皮膚の表面に吸着し、そうなれば当然、蒸発する水分の量も増えます。たくさんの水がいっぺんに蒸発すれば、わずかな水が蒸発していくよりも、肌の乾燥はいっそうはげしくなるのです。角質細胞の変形が大きくなり、バリアの破壊も大きくなります。

それだけならまだしも、水分が蒸発したあと、ヒアルロン酸もコラーゲンも粉体として肌に残ります。そして、その粉体がさらに肌を乾燥させますから始末におえません。

どういうことかというと、ヒアルロン酸もコラーゲンも固体です。化粧品の原料として使う場合は、粉末にします。この粉末を化粧水にとかしこんで、とろんとした液体をつくっているのです。水に片栗粉を入れて、とろみをつけるのと同じようなものです。

化粧水のひみつ

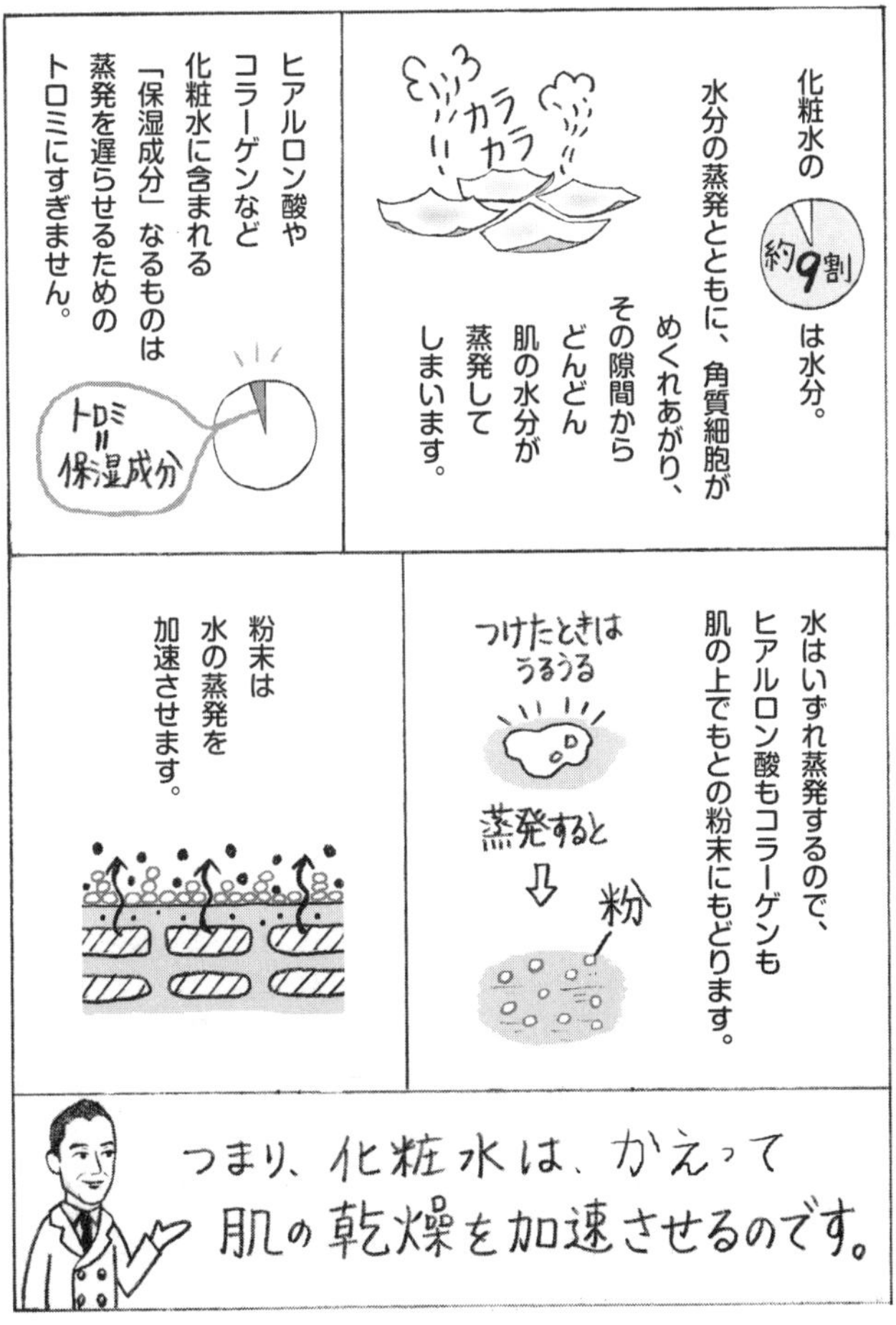
化粧水の 約9割 は水分。
水分の蒸発とともに、角質細胞がめくれあがり、
その隙間からどんどん肌の水分が蒸発してしまいます。
カラカラ
ヒアルロン酸やコラーゲンなど化粧水に含まれる「保湿成分」なるものは蒸発を遅らせるためのトロミにすぎません。
トロミ＝保湿成分
水はいずれ蒸発するので、ヒアルロン酸もコラーゲンも肌の上でもとの粉末にもどります。
つけたときはうるうる
蒸発すると
粉
粉末は水の蒸発を加速させます。
つまり、化粧水は、かえって肌の乾燥を加速させるのです。

とろみをつけたって、水はいずれ蒸発します。皮膚につけて1～2時間もたてば、水がほとんど蒸発して、ヒアルロン酸もコラーゲンももとの粉末にもどってしまいます。

粉末は、水分を蒸発させやすくする性質があるので、皮膚の表面にわずかに残った化粧水の水の蒸発を加速させ、しまいには皮膚の水分まで吸いあげるようになるのです。

つまり、ヒアルロン酸やコラーゲンといった保湿成分なるものは、化粧水にとろみをもたらして水分を肌の上により長くとどめる害と、そして、その水分が蒸発したあとに粉末にもどって肌に残る害との、いわば二段構えで肌を乾燥させるのです。

○じつは肌を乾燥させるヒアルロン酸・コラーゲン

粉末には水分を蒸発させやすくする性質があることは、ベビーパウダーの効果を考えると、わかりやすいでしょう。

肌に粉末をまけば、水分は速く蒸発します。だから、赤ちゃんのおむつかぶれを防ぐために、ベビーパウダーをつけるのです。

肌がいつまでも汗やおしっこなどで湿っていると、かぶれてしまう。でも粉末を肌に少量つければ、それが水分をいちはやく吸収し、蒸発させて、肌表面をすばやく乾燥させられます。保湿が必要な顔の肌に、ベビーパウダーをまくのと同じことを、保湿化粧水でやっているわけです。

じつは、ヒアルロン酸やコラーゲンの粉末が肌を乾燥させることを、私は身をもって経験しています。

私も患者さん向けにいい化粧品をつくろうとしていた時期があったことはお話ししたとおりです。ビタミンCが肌にいいと知り、ビタミンC配合の化粧水をつくりました。ビタミンの濃度が高いほうが効果も高いだろうと、ビタミンCの粉末を水にとかして10パーセントのビタミンCの化粧水をつくったのですが、患者さんたちが「肌が粉っぽくなっちゃいます」。7パーセントに下げても、やっぱりだめ。

ビタミンCの粉末が肌を乾燥させるということを知って、それなら、水分が蒸発しないようにコラーゲンやヒアルロン酸も加えてみようと、当然そういう流れになります。ところが、それをしたところ、患者さんは「先生、ますます肌が乾きます」。

ヒアルロン酸やコラーゲンは、ベビーパウダーよりもはるかに分子量が大きく、分子がつながって長い鎖のようになった高分子の集まりですから、粉末というよりは、綿くずを水にとかしたようなものなので、さらにねばり気《け》が強くなります。

くりかえしになりますが、ねばり気の強い、とろんとしたものをつければ、水分が蒸発するのに時間がかかります。時間がかかっても、水分はいつかかならず蒸発しますので、そのあと肌の上には大量の粉末が残り、それがまた、肌を乾燥させることになるのです。

それでも保湿化粧水なるものをつけると、肌がしっとりしていると感じるのはどうしてでしょう？

化粧水に含まれるヒアルロン酸やコラーゲンのぬめっとした感触を、しっとりと感じるためです。でも、これは錯覚です。ヒアルロン酸やコラーゲンのぬめり感は、化粧水の水分の蒸発とともにじきに消えてしまい、そのあとは乾燥によるつっぱり感があらわになるのですから。

だからこそ、化粧水のあとには、乳液やクリームをつけて「蓋《ふた》をする」ようにと、メーカーは教えているのです。

ヒアルロン酸やコラーゲンは、皮膚の構成には重要な成分で、組織の中では水分保持の働きをしていますので、イメージとしては美容や健康にとてもよさそうですが、肌につけても乾燥させるだけでまったく意味はありません。

それでも、つけた瞬間だけぬるぬるした感触があるので、ぬめり成分として、あるいはイメージアップの目的で、よく使われているのでしょう。

ところで、肌をひきしめる効果を期待して、水に収斂剤《しゅうれんざい》を入れた化粧水があります。収斂剤とは酸のことで、酸で皮膚表面のたんぱくを凝固させて、シメサバのように肌をひきしめるものです。

一時的にはよいのかもしれませんが、長期的には肌がボロボロになることは、想像がつくと思います。

油と界面活性剤の害

◯肌のバリアをこわすクリームの界面活性剤

皮脂は時間がたつと酸化して、肌に有害な過酸化脂質に変わる。だから、きっちり洗い落とさなければならない。皮脂を落としたあとは、その代用品となるクリーム（あるいはオイル）をつけて、保湿することが大切だ――。化粧品メーカーの主張です。

メーカーのつくるクリームやオイルはおそらく、皮脂と同じような保湿効果をもっているのでしょう。

ただし、皮脂の保湿効果は、皮膚の保湿機能を100パーセントとしたら、その1パーセントにも満たないことが、すでに判明しているのですから、メーカーが主張する保湿理論は、完全に破綻しています。

皮脂を模してつくられたクリームには皮脂同様、肌を保湿する力はほとんどありません。それどころか、化粧水よりも肌に与えるダメージはずっと大きいのです。クリームの界面活性剤は「レンガ＋モルタル」という構造のバリアをこわして、角層の構造自体をこわすからです。

クリームは油と水を混ぜてつくります。本来なら水と油は混ざりませんが、界面活性剤を加えることでこのふたつは混ざりあい、クリームができあがります。

いっぽう、角層は、すでに述べたように、死んだ角質細胞と細胞間脂質が積みかさなってできています。角質細胞にはアミノ酸などの水溶性の保湿成分が含まれ、細胞間脂質はセラミドを主体とした脂質成分からなる脂溶性の保湿成分です。

この2種類の保湿成分が「レンガ＋モルタル」という構造の、丈夫でしなやかな「壁」を形づくっているのです。

界面活性剤のひみつ

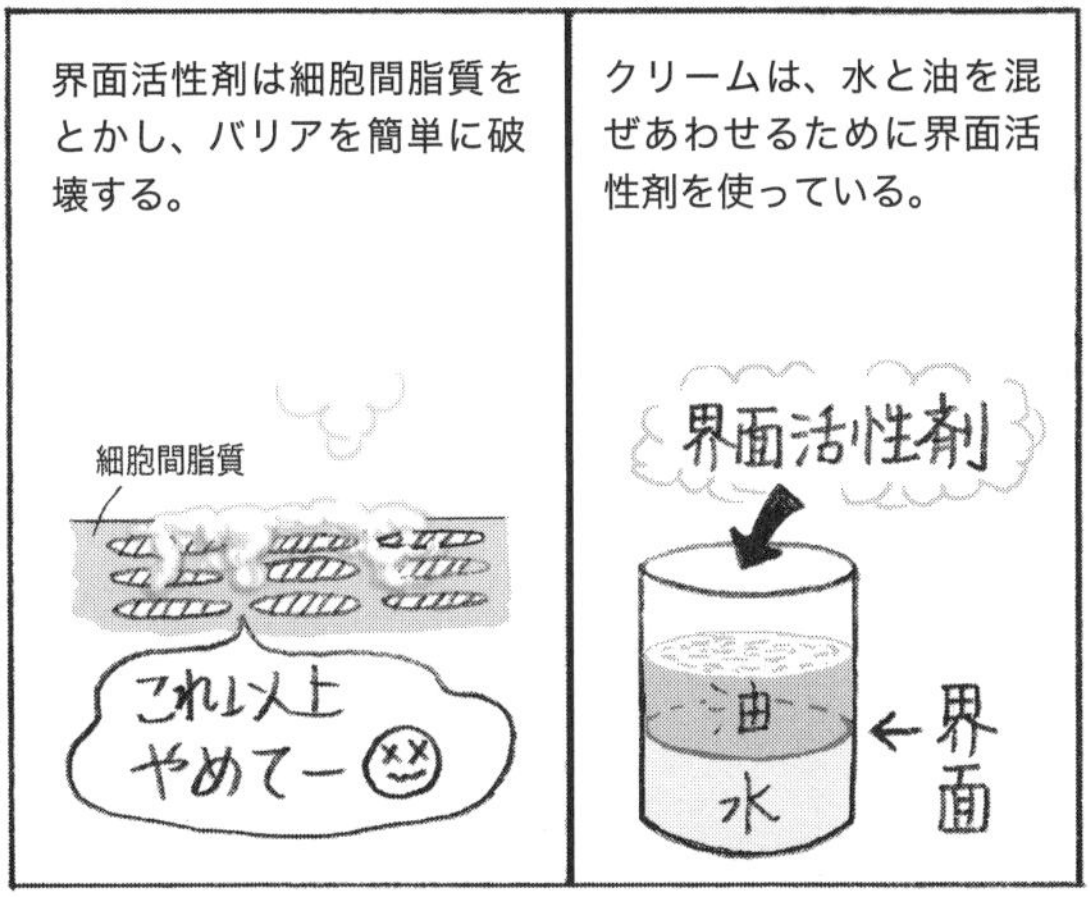

界面活性剤は細胞間脂質をとかし、バリアを簡単に破壊する。
細胞間脂質
これ以上やめてー
クリームは、水と油を混ぜあわせるために界面活性剤を使っている。
界面活性剤
油
水
界面

さらに、細胞間脂質の中でも、いわば、水、油、水、油……というように交互に何層にも重なりあって、保湿バリアが形成されています。

角層はこのように二重の構造によって皮膚の水分の蒸発を防ぎ、外界からの化学物質や異物の侵入を食いとめているわけです。

ところが、クリームは角層内の水溶性の保湿成分も油溶性の細胞間脂質もなんなくとかして、「レンガ＋モルタル」という構造も、細胞間脂質の中の水、油、水、の構造もともにこわしていきます。

こうしてバリアを失った肌が乾燥するのは、当然です。

保湿クリームをぬることで、かえって肌を

乾燥させてしまうとは、なんとも皮肉な話ではあります。

○炎症は「美容成分」のせい

クリームの問題は乾燥にとどまりません。クリームには「美容成分」と称するさまざまな成分も配合されています。クリームをつけると、油や界面活性剤、そして美容成分が毛穴から少しずつ浸透していきます。浸透した成分はすぐに酸化して、有害な酸化物に変わります。すると、周囲の組織はこの酸化物を異物とみなして、それを排除する反応を起こします。これが炎症です。

毛穴などが炎症を起こして赤くなる症状をくりかえして慢性化すると、かならずメラニンが増えるので、肌が茶色くなります。茶色くなるということは、これをくりかえしていれば、やがてシミやくすみとなってあらわれるということです。

クリームの類を多く使ってきた人の肌をマイクロスコープでみると、ほとんどすべての毛穴のまわりに炎症があります。

ひどい人になると、毛穴が大きなクレーターのようになっています。表皮の「裏打ち」である真皮のコラーゲンもとけてしまったためです。

炎症が起こるしくみ

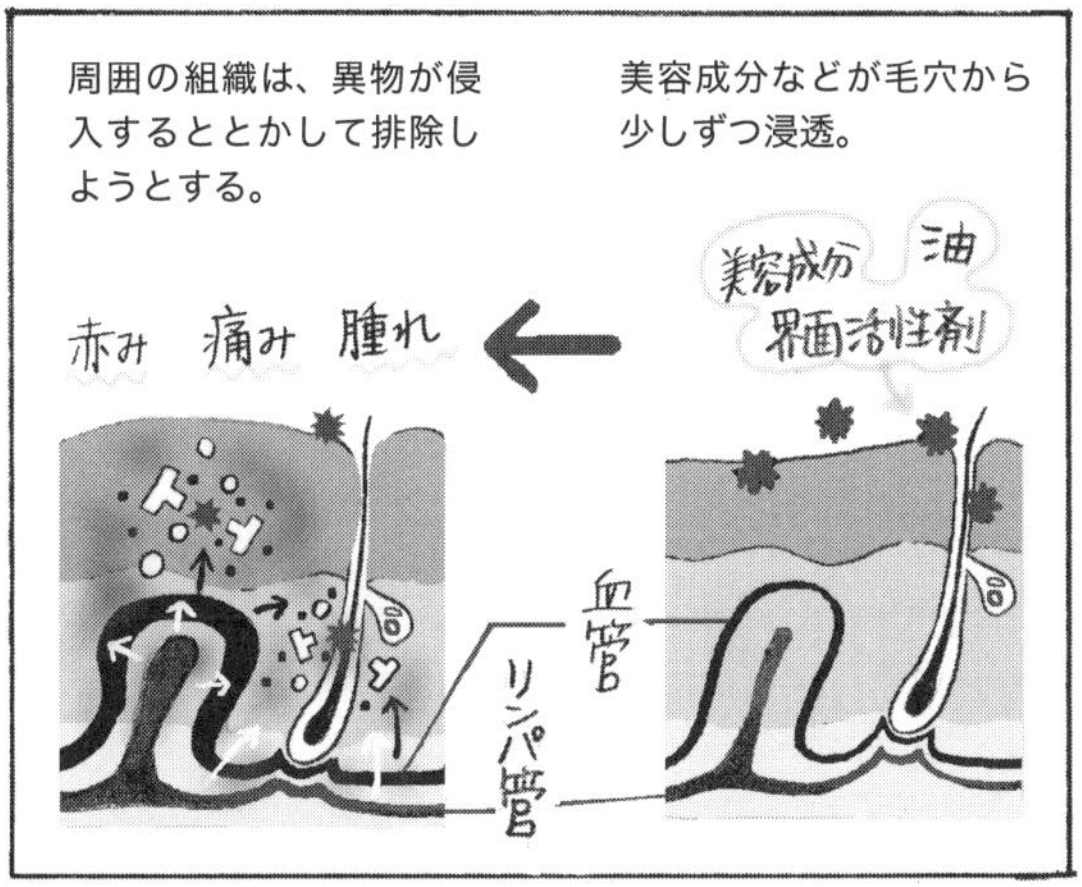

周囲の組織は、異物が侵入するととかして排除しようとする。
美容成分などが毛穴から少しずつ浸透。
美容成分
油
界面活性剤
赤み
痛み
腫れ
血管
リンパ管

そもそもクリームや軟膏は皮膚科などでは、薬を皮膚に浸透させるために肌のバリアをこわす目的で使われるものです。その威力はクリーム、軟膏、ゲルの順で強力です。そのため、皮膚病を治すために、薬を確実に皮膚の中へ届ける必要がある場合は、バリアをこわす威力がいちばん強いクリームに薬を混ぜて使うのが、もっとも効果的です。

ただし、クリームは皮膚のバリアをこわす力が強すぎる分、その弊害と刺激によって、炎症を起こしやすいという副作用も強いのです。そのため、皮膚にクリームを使う弊害よりも、薬のもたらす効果のほうが大きいと判断したときにだけ、医者はクリームを使うわけです。

でも、化粧品は皮膚病を治すために使うわけではありません。なのに、大切なバリアをわざわざこわし、炎症を引きおこしてまで、なぜ毎日、毎日、クリームを使いつづけるのか。私がいつもみなさんに問いかけているのは、まさにこの点なのです。

○乳液・美容液・オイル…すべて同じようなもの

では、椿油やスクワラン、馬油、ホホバ油、オリーブ油などの純粋なオイルはどうでしょう。それらは界面活性剤を含んでいないので、クリームよりはよいかもしれません。でも、油は油にとけるので、少量なら細胞間脂質にとけこんで、不純物として作用しますし、量が多いと細胞間脂質をとかしてしまいます。

オイルを長く使いつづけると怖いのが、肌が黒ずむ「オイル焼け」です——。

オイルを使いつづけていると、皮膚が萎縮して薄くなります。なぜなら、角質細胞が垢として1個はがれると、そのことがシグナルで基底層に伝わり、基底細胞が1個生まれますが、オイルで肌をベタベタにしていると、角質細胞がはがれにくくなり、基底層でも新しい細胞が生まれにくくなります。新しい細胞が生まれなければ、新陳代謝が低下して皮膚は薄くなるというわけです。

そこへもってきて、オイルは時間がたてば酸化して、過酸化脂質に変わります。それらは肌にとって異物ですから、皮膚は炎症を起こし、それが慢性化するとメラニンが増えて、くすんできます。しかも、オイルを長く使いつづけている人は皮膚が薄くなっていますので、皮下の表情筋や血管が透けてしまい、そのため肌が黒ずんでみえるのです。これが、いわゆるオイル焼けといわれるものです。

では、乳液や美容液といった化粧品はどうでしょう？　どれも界面活性剤や油を使っている点では同じです。いずれも自家保湿因子をとかして、皮膚のバリアをこわします。

美しい肌のためにと、毎日せっせとつけているクリームや乳液、美容液、あるいはオイル類は化粧水同様、いえ、それ以上に、皮膚のバリアをとかし、こわして、肌を乾燥させ、さらに、炎症を起こさせています。

私の患者さんで熱心にスキンケアをしている人ほど、肌がボロボロになっているのは、ほとんどがそれら化粧品のせいでした。

それらを使うのを中止したら、肌の乾燥がおさまり、炎症が治ったという1000人以上の症例が、このことを証明しています。

○クマを悪化させるアイクリーム

目もとの小ジワやクマのケア用の化粧品に、アイクリームがあります。これらの化粧品に界面活性剤や油分が含まれているのは、他のクリームと同じです。自家保湿因子がとかされることでバリア機能が低下するため、肌は乾燥してきて、かえって小ジワが増えてしまいます。

しかも、界面活性剤や油分や、いわゆる美容成分なるものは、肌にとっては異物ですから、皮膚に浸入して炎症を起こさせますし、つけるときには皮膚をこすります。いずれも、目もとの皮膚のメラニンを濃くすることになり、クマが悪化するのです。

それだけではありません。アイクリームをつければつけるほどそのときはしっとりして、小ジワも目立たなくしますが、一時的にごまかしているだけで、肌は乾燥しますので、しまいには基底層で新しい細胞がつくられにくくなります。

そのため、皮膚は薄くなり、皮膚が薄くなれば、その下の筋肉の色や血液の色が透けてみえます。紫やグレー、黒などのクマの色は、じつは薄い皮膚から透けてみえる筋肉の色であり、血液の色でもあるのです。

アイクリームのひみつ

肌がひどく乾燥する
新しい細胞がつくられにくくなる
皮膚が薄くなる
血液や筋肉の色が透ける、小ジワが増える
eye Cream
美容成分による炎症、皮膚をこする害
メラニンが濃くなる
肌がくすむ
つまり、アイクリームは、クマを悪化させる。

つまり、アイクリームは皮膚を薄くすることで小ジワを増やし、皮膚の色を紫にして、かつ、炎症を起こしてメラニンを増やすという3つの弊害によって、クマを悪化させるのです。

○紫外線はある程度必要です

最近では夏ともなると、多くの女性たちはゴミを出すわずかな時間でも日焼け止めをぬり、外出するときには日焼け止めはもちろん、紫外線カット加工された布のカバーで腕から手の甲まで隠して、とにかく徹底的に紫外線を排除しています。

これでは、暗い穴倉に閉じ込められているようなものです。はたして、紫外線をそこまで目の敵にしなければならないのでしょうか？　答えはノーです。

紫外線がシミをはじめ肌の老化の原因になることはたしかです。けれど、そのいっぽうで、ある程度は体に必要でもあります。何よりも重要なのは、紫外線がビタミンDをつくっていることです。ビタミンDはカルシウムとともに、骨をつくるのになくてはならない栄養素です。最近は若返りのビタミンとしても知られています。日焼け止めをぬって紫外線にほとんどあたらない生活をしていては、骨はもろくなるばかりです。

実際、全身をマントのような服でおおい、ヴェールで顔を隠して生活をしているアラブの女性たちは、紫外線をほとんど浴びないために、60歳、70歳になると、骨粗鬆症《こつそしょうしょう》にかかる率がとても高く、問題になっています。

それでなくても、女性は閉経後、エストロゲンという女性ホルモンが急激に減少して、カルシウムが減ってしまうため、男性にくらべるとずっと骨粗鬆症にかかりやすくなります。骨粗鬆症を予防するためにも、女性はとくにある程度の紫外線を浴びる必要があるのです。

また、紫外線は地上に届くさまざまな波長の太陽光線のごく一部です。地球上にはほかにも、波長のちがうさまざまな光線がふりそそいでいます。その中にはシミをとるレーザーなどに使われている波長と同じ光線も含まれています。しかも、レーザー以上の効果をもつ光線さえ地球上に届いているかもしれないのです――。

シミをレーザーで治療しても、完全には消せなくて、どうしてもうっすらと色素が残ってしまうことがあります。ところが、そういう患者さんでも夏にまっ黒に日焼けしたあと、その色がさめたら、シミもきれいさっぱり消えたというケースも、私は数例みてきました。その経験から、太陽光線には現在のレーザー以上にシミをとる効果の高い波長の光が含まれている可能性があると考えているのです。

○日焼け止めは紫外線より怖い!?

紫外線といえば、日焼け止めです。日焼け止めにはたしかに有害な紫外線をカットする効果があります。

ところが、弊害もあるのです。ほとんどの日焼け止めは、界面活性剤が入ったクリーム状なので、バリア機能を破壊して肌を乾燥させ、さらに、炎症を起こさせる点では、他のクリームと同じです。

また、紫外線吸収剤の入っている日焼け止めでは、紫外線にあたると、吸収剤が刺激のある有害な成分に変化して、炎症を起こしたりするのです。

もちろん、日焼け止めをつけるときにこすりますし、これを落とすときにまたこすります。いつもこすっていると炎症とメラニン増加によって、シミをつくり、肌をくすませもします。これではかえって肌へのダメージが大きくなります。

日焼け止めをつけるかどうか判断するには、このような弊害と効果のかねあいを考えなければならないのです。

紫外線の研究者の方々にたずねてみると、みなさん、「日本人の場合、15分以上あたるなら、日焼け止めをつけたほうがいいけれど、それ以下なら、つけないほうが肌のためにはよいと思う」と口をそろえておっしゃいます。

たとえば、駅から10分も歩けば会社に着く距離なら、保湿バリアをこわしてまで、日焼け止めをぬる必要などありません。わざわざ肌を傷めているようなものです。短時間でも紫外線を浴びるのが不安というなら、帽子や日傘でガードすればよいのです。

紫外線と皮膚ガンとの関係もとりざたされています。でも、私たち黄色人種の肌は、白人とちがって皮膚ガンは多くありません。白人のデータを鵜呑みにして、日焼け止めを必要以上にぬることは、肌を乾燥させ、慢性的なダメージを与えてしまいます。

○肌にペンキをぬるようなもの①ファンデーション

肌をつややかにみせ、シミやくすみや色ムラまでカバーするファンデーション。ところが、肌をきれいにみせるためのそのファンデーションも種類によっては、肌をひどく傷めることになります。

ご存知のように、ファンデーションは形態的には大きく3つのタイプに分けることができます。①クリームとリキッド、②練り・固形、そして③パウダリーです。練り・固形タイプと、一部のパウダリータイプは固めてコンパクトに入れられています。触ると、前者はしっとりしているのに対して、後者はさらっとした感触です。

クリームとリキッドのタイプはいずれも界面活性剤を使って、油分と水分を混ぜてつくります。練り・固形のタイプは油脂などを使用しています。

そして、それらにくらべ油分や界面活性剤を大幅にカットしているか、もしくは含んでいないのがパウダリータイプです。

クリームタイプもリキッドタイプもそもそも、肌がこわれて、キメがまったくなくなってしまった人のためのものです。

キメがなくなると、練り・固形やパウダリーのタイプではたちまち化粧くずれしてしまいます。でも、ペンキかドーランのように、クリームという「接着剤」に粉を混ぜれば、皮膚にぬりつけることができます。これが、クリームやリキッドのファンデーションです。肌に毎日、ペンキをぬっているのと同じですから、肌の健康が守れるわけがありません。

界面活性剤は2種類の自家保湿因子、つまり、水溶性の天然保湿因子と脂溶性の細胞間脂質のどちらもとかしてバリア機能を破壊し、肌を限りなく乾燥させます。さらに、それらのファンデーションに含まれている油分そのものが細胞間脂質に貼りついてしまいます。そもそも、細胞間脂質に貼りつくことで、顔料を肌にこびりつかせているのが、この種類のファンデーションなのですから。

また、油や界面活性剤は毛穴から皮膚内に入りこみます。これらは肌にとっては異物ですから、肌の拒否反応である炎症を起こします。しかも、ファンデーションをつけるときには、かならず肌をこすってしまいます。これら炎症と、こする刺激は、メラニンを増やして、シミやくすみの原因となるのです。

クリームやリキッドのファンデーションを使い続けることで、シミが増え、くすみがひどくなれば、それらをカバーするために、ますますそれらを手放せなくなります。

ちなみに、パウダリータイプの肌へのダメージは、クリームやリキッドのタイプよりもずっと小さくてすみます。ファンデーションをつけるなら、なるべくパウダリータイプを、それも最小限つけることが重要です。

○肌にペンキをぬるようなもの②コンシーラー・コントロールカラー

シミを隠すコンシーラーは、基本的にはリキッドファンデーションと同じです。

リキッドファンデーションはクリームファンデーションとともに、シミをつくる一大原因です。しかも、シミのできている部分はわずかな刺激によっても、すぐにメラニンが増えます。つまり、シミの上にコンシーラーという名のリキッドファンデーションを重ねづけすることで、シミはますます濃くなっていくのです。

肌色をきれいにみせるコントロールカラーや、ファンデーションのつきをよくする化粧下地なども、リキッドファンデーションの別バージョンみたいなもの。その種のものを重ねれば重ねるほど、肌に、より大きなダメージを加えることになります。

ファンデーションをつけていたいという人も、肌の健康な美しさを求めるなら、せめてコンシーラーやコントロールカラー、化粧下地の類はきっぱりやめるべきです。

○理想の肌は「しっとり」ではなく「さらさら」

第2章で述べたように、角質細胞が1個はがれ落ちると、それがシグナルとなって基底層で新しい細胞がひとつ生まれます。しかし、化粧水やクリームなどをつけて肌の表面をベタベタにしていると、角質細胞ははがれにくくなり、基底層でも新しい細胞が生まれにくくなります。

角質細胞がはがれにくくなれば、角層は厚くなり、いっぽう、表皮は新しい細胞が補充されないために薄くなり、その影響で、ひいては真皮まで薄くなってしまいます。

角層が厚くなれば、肌はくすんでみえますし、皮膚全体が薄くなれば、皮膚の下の血管や筋肉が透けやすくなるために顔色が悪くなったり、色ムラも生じます。また小ジワもできやすくなります。

反対に皮膚に何もつけていないと、皮膚の表面の角質細胞が自然にはがれ落ちて、基底層でも次々に新しい細胞が生まれ、表皮細胞はふっくら厚くなって、キメも整います。

今の女性は、健康な肌がどういうものかまったくわかっていないようで、少しさらさら、かさかさすると、すぐに肌が乾燥していると思いこんで、クリームなどをつけたがる傾向があるのは、痛ましいことです。

もう一度いいます。理想の肌は「しっとり」ではなく、「さらさら」なのです。そして、さらさらに保つためにも、何もつけないことが重要になります。

防腐剤の害

○どんなに美人でもほおずりできない肌がある

肌の表面を弱酸性に保って、雑菌などから肌を守っているのが、皮膚に棲みついている常在菌です。

北里研究所病院美容医学センターで働いていたときに、顔の常在菌の数を調べたことがあります。

私の小鼻の横あたりには、1平方センチメートルあたり約60万個の常在菌がいました。鼻の横は皮脂が多く毛穴が大きいので、常在菌の数も多いのでしょう。

ほおの真ん中あたりでは、毛穴が少なくて隠れる場所もあまりないからか、約20万個でした。

一緒に働いていた看護師など女性スタッフたちの顔についても調べてみました。その頃の女性スタッフは全員、化粧水や美容液、ファンデーションなどをつけていました。結果は、もっとも菌数の少ない人でなんと約500個しかいませんでした。

いちばん多い女性でも3万個という、驚くべき数字が出ました。私の皮膚と比較したら、彼女たちの顔には常在菌がいないも同然です。

なぜここまで減ってしまったのか？　化粧品をつけていない男性や女性はそこまで菌数が少なくなかったことから、原因は明らかに化粧品の防腐剤の影響だと考えられました。

最近では、われわれ形成外科医は消毒薬で傷を消毒する習慣はなくなりましたが、その昔、傷の消毒に使っていた消毒薬でも、蓋をしないで置いておくと数週間で雑菌が入って白濁することがありました。

ところが、化粧水もクリームもファンデーションも化粧品は、数年腐らない。5年くらい腐らないものだってざらにあります。パラペンなどの強力な防腐剤が入っているためで、その殺菌力は傷を消毒する消毒薬よりもはるかに強いわけです。

そんなものを毎日肌につけて顔を消毒していたら、常在菌がほとんど死にたえてしまう

皮膚に棲む常在菌

常在菌が多い肌は、雑菌が少ない。
（私の例）
60万個/cm²
20万個/cm²
スリスリ
ほおずりしても安心♥
パラベン(防腐剤)入りの化粧品をつけている人は常在菌が減り、カビや雑菌が発生しているかも！
カビ・雑菌
500個以下/cm²
?

のも当然です。1種類だけならまだしも、たいていの女性が毎日、何種類もの化粧品をつけています。

単純計算で、2種類つければ2倍、3種類つければ3倍、4種類つければ4倍の、パラペンが肌に付着することになります。

何種類もの化粧品をつけている人の皮膚を調べると、聞いたこともない名前の気持ちの悪い雑菌がいっぱいついていました。常在菌のほとんどを殺してしまったためです。

最近はマラセチアという酵母に似たカビがとりついている患者さんもときどきいます。マラセチアは脂漏性皮膚炎の原因菌といわれています。脂漏性皮膚炎は皮脂分泌の多い頭や眉毛、小鼻の横などにできる湿疹で、かゆみや炎症が、出たり消えたりします。気づかないでいる人も多い感染症です。

マラセチアなどは常在菌がふつうにいれば、感染しにくいカビです。それなのに、そんなものがついてしまうのは、化粧品で常在菌を殺してしまっていることも誘因になっていると思います。脂漏性皮膚炎にかかっている女性も、顔や頭が多く、それ以外の頻度は少なくなります。顔には化粧品をつけ、頭には、シャンプーやリンス、整髪料などを使いますが、それ以外には何もつけないからでしょう。

私のスキンケアを実践している人たちと冗談まじりに、こんな話をします。

「化粧品をいっぱいつけていたり、洗顔をしすぎている人たちの肌は雑菌だらけだから、ほおずりはできないね」

こする害

○こすればこするほど、肌は干からびる

こする行為は、肌を確実に傷めます。

脂溶性の細胞間脂質と水溶性の天然保湿因子からなる自家保湿因子は、ちょうどウナギの皮膚のぬめりのように、私たちの肌を乾燥から守ってくれています。ぬめりをこすり落とせば、ウナギの皮膚が干からびるのと同じで、自家保湿因子をこすり落とせば、私たちの肌も干からびます。

そして、干からびた肌ではもはやうるおいを保てなくなるのです。

自家保湿因子はひとたびこすり落とされると、再生するまでに、乾燥していない健康な肌でも3～4日かかります。

しかし、多くの女性がクレンジングでこする、洗顔でこする、タオルでこする、化粧水や乳液を含ませたコットンでこする、クリームをすりこむ、といったことを毎日くりかえしているので、皮膚は干からびていますから、回復にはもっと長い日数を要します。

これでは自家保湿因子が再生する間もなく、失われたままの状態がずっと続いてしまいます。そうなれば、遅かれ早かれ、肌の健康は破綻《はたん》して、細胞分裂は止まり、皮膚が薄くなり、縮むので、キメも消えてしまいます。

それだけではありません。こするという刺激は炎症を起こし、表皮の中のメラノサイトという色素細胞を活性化させて、メラニンを増やしてしまい、肌を確実にくすませ、シミをつくる原因にもなります。

さらに、皮膚はいつもこすっていると、そのダメージを少しでも受けなくてすむように、角層が厚くなります。足のかかとや、座っているときに椅子などにふれるお尻の皮膚がよい例です。顔の肌でも、いつもこすっていると、角層が厚くなり「かかと化」してしまいます。

化粧品をつけるときには、多かれ少なかれ、肌をこすることになります。そのことは、肌を干からびさせる元凶であり、シミやくすみの原因となり、さらに、角層を分厚くしてしまうわけです。

肌を極力こすらないためにも何もつけないスキンケアこそ理想のケアといえるでしょう。

洗いすぎの害

○クレンジングするたびに、肌バリアをこわしている

これまで化粧水やクリームなどの害を述べてきましたが、じつは、もっと肌に悪いもの

があります。クレンジングです。

クレンジングには、オイル、クリーム、ゲルなどさまざまなタイプがありますが、いずれも、主成分は界面活性剤で、落としにくい油性のファンデーションをひと拭きで落とす強力な効果があります。それは、同時に、肌のバリア機能の要《かなめ》である細胞間脂質と天然保湿因子、つまり、自家保湿因子をとかして、ひと拭きで根こそぎこすり落とすことになるのです。

クレンジングの高い洗浄力はおもに、大量の界面活性剤によります。クレンジングにはクリームなどとは比較にならないほどの大量の界面活性剤が使われているのです。

クレンジング後には、この有害な界面活性剤が皮膚に残りますから、せっけんで洗顔をしてそれを落とすダブル洗顔が必要になるわけです。

ところが、そのせっけんにも界面活性剤が入っているものが大半なのですから、肌はたまったものではありません。

これらクレンジングやせっけんに含まれる界面活性剤や、あるいは油脂が、毎日顔を洗うたびに、肌の自家保湿因子の中にとけこんで、バリア機能を著しく低下させることも知られています。

バリア機能を失えば、油や界面活性剤などが肌の中に浸透して、「レンガ＋モルタル」の構造さえも破壊することはすでに述べたとおりです。

破壊された「レンガ＋モルタル」の構造は再生するのに早くても3～4日かかりますし、毎日クレンジングや過度の洗顔をくりかえしていれば、再生した先からこすり落とされてしまいます。しかも、「レンガ＋モルタル」の構造はいかなる保湿剤を駆使しても代用はできないのです。

クレンジングにはあとひとつ、大きな弊害があります。ファンデーションの汚れをクレンジングによくなじませるには、クリームのとき以上に肌をこすることになります。つまり、大量の界面活性剤が使用されていること、肌をひどくこすること、このふたつによって、化粧水やクリームよりもずっとひどく保湿バリアを破壊して、肌を傷めてしまうのがクレンジングなのです。

○洗えば洗うほど、キメはなくなる

クレンジングによってバリア構造が失われると、皮膚は乾燥して干からびて、肌の乾燥がさらにはげしくなります。

また、乾燥がはげしくなると、基底層では新しい細胞が生まれることができず、皮膚の新陳代謝も停止してしまうのです。

こうして古い角層と、その下の熟成できないままの角層が厚く層をなし、そのため、肌は粉を吹き、バリバリな状態になってしまいます。

マイクロスコープでみると、そのような状態が続いた肌では深いキメはおろか、線すらないツルツルの状態になっています。

さらに悪いことに、多くの女性は洗顔のあとに几帳面にかならず化粧水や美容液、クリームなどをつけています。それらの化粧品に含まれている成分は、自家保湿因子を失い、バリアがこわれた皮膚には、いとも簡単に入っていきます。それらはすべて異物ですから、皮膚は炎症を起こして、赤くなります。炎症をくりかえすと、くすみやシミになることは、くりかえし述べてきたとおりです。

このような、洗顔をしすぎる習慣が長く続くと、極端な乾燥肌になるだけでなく、人によっては脂性肌になり、毛穴を広げることにもつながります。

洗顔によって皮脂をとりすぎてしまうと、皮膚はその分を補おうと、過剰に皮脂を分泌しはじめるからです。こうして皮膚は脂性肌に傾き、皮脂腺が肥大して、毛穴のまわりが盛りあがります。

このため、毛穴が開いてみえて、ちょうどみかんの皮の表面のような凸凹した肌になってしまうのです。皮脂がベトベトに出ても、保湿はできないので、肌は乾燥しています。

○「せっけん」と「合成洗剤」のちがいとは？

洗顔でよく使われているのが、クレンジングともうひとつ、せっけんです。

せっけんには合成洗剤と、昔からある、いわゆるせっけんとがあります。洗顔フォームからはじまって台所洗剤も洗濯用洗剤もほとんどは合成洗剤で、太古の昔からあるのが純せっけん、あるいは無添加せっけんといわれているものです。

どちらも水と油を混ぜることのできる界面活性効果によって、汚れを落とします。合成洗剤は自然界には存在しない、化学的に合成された界面活性剤なのに対して、いっぽうの純せっけんはオリーブ油やヤシ油、パーム油などの植物性の油や、牛脂などの動物の脂をベースに、苛性《かせい》ソーダなどを加えることで、界面活性作用をもたせています。純せっけんはこのように自然界にある原料からつくられているわけです。

純せっけんはたまたま発明されたものだと思います。肉を焼いていて、その脂が灰と混じってできたものに水をつけて洗ったら泡が出てきて、手の脂汚れが落ちた、これは便利だから使おう、などといったところではないでしょうか。

純せっけんの洗浄力は合成洗剤とくらべて同等かややまさっています。では、肌への負担はどうでしょう。

合成洗剤で洗顔した場合は、ほんの少しとはいえ、毛穴や皮膚に洗剤が吸着し、角層を破壊します。それらは分解されにくく、皮膚の内部にも容易に浸入します。合成洗剤は、ヒトの細胞やウニの卵、魚などに対するさまざまな実験によって、高い毒性が証明されています。

それとは対照的に純せっけんの場合は、皮膚に残りにくく、分解されやすいので毒性が少ないことが特徴といわれています。

その昔は、洗濯せっけんが純せっけんの代表選手でした。

若い方はおそらくご存知ないでしょうが、洗濯せっけんで手を洗うと、肌がガサガサになったものです。また泡立ちも悪かった。

これは洗浄力が強く不純物が多かったためです。今の純せっけんは純度が高くなっているので、肌にやさしくなり、泡立ちもとてもよくなりました。とはいえ、洗浄力が強いので使用は必要最小限にとどめます。

ちなみに合成洗剤は、どんなにすすいでも皮膚に残るといわれています。たとえば電子機器などミクロの配線板の汚れを洗浄する工程では、通常純せっけんが使われます。合成洗剤で洗うと、不都合な膜ができて、それは水で洗っても落とせないからだといいます。

○弱酸性は肌にやさしくない

ところで、洗浄力もあり、安全でもある純せっけんにも、大きな弱点がありました。他の成分を混ぜたり、弱酸性にしたりすると、洗浄力が格段に落ちてしまうのです。たとえば、かつての純せっけんに香りや保湿成分を加えたものが、化粧せっけんです。

香りがよかったり、洗顔後も肌がしっとりしたりしますが、他の成分を混ぜているため、洗浄力は落ちてしまいます。このように、化粧せっけんは洗浄力が弱いので、そこで、クレンジングが必要になったのです。実際には、ファンデーションは純せっけんだけで落とせるのですが。

また、純せっけんを弱酸性にすると、せっけんカスが出てしまいます。つまり、純せっけんは無添加のままでないと、商品にならないという弱点があったのです。

いっぽうの合成洗剤はいろいろなものを混ぜても洗浄力が落ちません。そこで、油脂やグリセリンなどを混ぜることができます。それらを混ぜることで、洗顔後の乾燥感をまぎらわせ、使用感がよくて、保湿効果があるように錯覚させられるわけです。

合成洗剤なら弱酸性せっけんをつくることもできます。

肌が弱酸性に保たれているのは、おもに常在菌のおかげです。

そして、弱酸性に保たれているおかげで、肌はカビや酵母菌、雑菌などから守られているのです。

ところが、純せっけんはアルカリ性ですから、これで顔を洗えば当然、アルカリに傾いてしまいます。そこで、洗顔後も肌を弱酸性に保つせっけんがいいのでは？　という単純な発想で生まれたのが、弱酸性のせっけんです。

なかなか説得力があります。

ところが弱酸性のせっけんは合成洗剤ですから、肌のバリアをこわして、肌を乾燥させやすいという致命的な弱点があります。長期間使用すると角層のタンパク質も変性させることがあります。決して肌にやさしいとはいえません。

しかも、他の化粧品同様、中に防腐剤が入っているので、肌を弱酸性に保ってくれている常在菌まで殺してしまうため、長期間使っていると、肌はかえってアルカリ性に傾いてしまう傾向があります。

弱酸性に保つために弱酸性のせっけんを使って、肌がアルカリ性になっては意味がありません。

ところで、アルカリ性である純せっけんで洗顔しても、その直後こそ肌はアルカリ性に傾きますが、常在菌などの働きによって数分後には弱酸性にもどります。ですから、弱酸性のせっけんなどわざわざ使う必要はないのです。

肌にやさしい弱酸性、などというあまり意味のない売り文句に惑わされないようにしましょう。

○化粧せっけんの大罪

その昔、純せっけんで顔を洗うと、肌がガサガサになったものです。そこで、化粧品会社は、もう少し肌にやさしいものをつくろうと、純せっけんにグリセリンや香料、油脂などを混ぜました。

たしかに洗ったあとの肌にしっとりとした感触が残りました。これがいわゆる化粧せっけんです。

ところが、純せっけんは他の成分を混ぜると、洗浄力が落ちるのが、最大の弱点です。そのような添加物のために、洗浄力がひどく低下してしまい、ファンデーションなどが落ちにくくなってしまったのです。

そこででてきたのが、クレンジングです。これはよく落ちます。当然です。界面活性剤が大量に混ぜてあるのですから、ファンデーションなどひと拭きでつるんと全部落ちてしまいます。

添加物を加えたら、洗浄力が極端に落ちることがわかった時点で、ファンデーションは純せっけんで落とすべきだったのです。そうすれば、女性の乾燥肌や敏感肌は、今よりもっと少なかったと思います。

化粧せっけんだけでは化粧はロクに落ちないから、クレンジングと抱きあわせで売れていきます。

こうしてクレンジングは90パーセント以上の女性が使うようになり、化粧品会社はハッピーかもしれませんが、使う女性にとっては受難の習慣となりました。

ところが、最近はまた、ドラッグストアやオーガニックショップで純せっけんのコーナーが続々と生まれています。今の純せっけんは泡立ちがよく、使いやすいことも人気の一因でしょう。

でも、それだけでなく、ひょっとしたら、スキンケアに対する人々の考え方が、今、少しずつ変わりつつあるのかもしれません。もしそうだとしたら、私の提案するスキンケアもみなさんに受けいれられる日が近いのかもしれません。

これまで述べてきた、化粧品の肌へのダメージの数々は、10年以上にわたり3000人以上の女性の皮膚を、マイクロスコープをとおして実際に観察してきた「事実」にほかなりません。マイクロスコープの肌画像という客観的なデータの蓄積により裏づけられ、実例にもとづいているからこそ、私は自信をもって提唱できるのです。

○化粧品は乾燥肌をつくる名人である

乾燥肌の治療法や薬を研究するために、研究者は、重症の乾燥肌をわざとつくって、それに、いろいろな薬をつけて治療効果を調べることがあります。乾燥肌を簡単、かつ確実につくるのに、よく使われる方法がふたつあります。

ひとつはテープストリッピング法です。なるべく粘着性の強いセロファンテープを皮膚に貼ってははがし、貼ってははがしをくりかえす方法で、狭い範囲の乾燥肌をつくるときにもちいられます。保湿とバリアの機能がもっとも高い、皮膚のいちばん外側の角層の細胞をはがしとることで、確実に乾燥肌が完成するのです。

もうひとつは、脂をよくとかすシンナーやトルエンなどで皮膚を数回こすり、細胞間脂質をとかしだす方法です。広い範囲の、重症な乾燥肌をつくることができます。

いずれの方法でも、1回の操作で乾燥肌ができあがるのです。

スクラブ洗顔や垢擦りといった皮膚をこすする行為は、テープストリッピングと同等か、それ以上に角質細胞をこすりおとすことになります。1回やるだけで乾燥肌になるのは必至です。

クレンジングの多量の界面活性剤は、脂を強力にとかします。これで皮膚の汚れを拭きとることは、シンナーやトルエンを使って実験的な乾燥肌をつくるのとまったく同じことです。

一回でも乾燥肌になる行為を、毎日続けているのですから、肌はたまったものではありません。極度の乾燥肌になり、バリアはボロボロの状態ですから、敏感肌になるのは目にみえています。

　このことを考えるたびに私は、女性たちに、すぐにクレンジングをやめていただきたいと思います。

　毎日、クレンジングで化粧を落とすなどということは、肌の健康を真剣に考えたら、とんでもないことです。クレンジングは肌に有害なので、そのあとかならずせっけんで洗顔しなければなりません。

　クレンジングで細胞間脂質を毎日とかしつづけたら、洗顔後は間違いなく、ひどくつっぱる重症の乾燥肌になります。

　したがって、洗顔後は保湿用と称される化粧水やクリーム、美容液などをつけずにはいられなくなるのです。

　クリームも水もバリアをこわしますから、ますます乾燥肌はひどくなります。洗顔後のつっぱり感を感じさせないように、肌が完全に乾くまえにクリームで水分を封じこめましょう、などというまったくばかげたスキンケア方法まで出てきます。

　試しに、洗顔後、タオルで拭くときに、水分を少し残してみてください。皮膚の水分は、完全に拭きとらないと、気持ちが悪いものです。それが、皮膚を守るためにそなわっている本能です。

水分を残しておくと、皮膚のバリアがこわれるからです。水分を封じこめるほうがよいなどというスキンケア理論は、皮膚にとっては、乾燥肌をつくるためのケアでしかありません。

バリアがさらに完全にこわれた状態が敏感肌です。

日本女性の4人に3人は乾燥肌で、3人に1人は敏感肌というのも、当たり前です。乾燥肌や敏感肌の女性が増えれば、保湿をうたったものや、敏感肌用の化粧品などの売り上げも増えるでしょう。皮膚の健康など少しも考えずに、商品が売れさえすればよいというマッチポンプ商売をしていることをわかっていながらやり続けているのではないかと、勘ぐりたくなります。

化粧品とは無関係な会社が、次々と化粧品を売り出して、それなりの売り上げを上げていると聞いています。化粧品は何十年も使いつづけるものです。

化粧品会社は、安全性を真剣に考え、長期の使用弊害について確認する体制をつくる必要があると思います。

○肌の自己回復力を信じてください

肌のトラブルを治したい人や美しい肌を保ちたい人は、バリアを破壊する化粧品を断ち、水洗顔だけのケアに徹することです。そして、保湿機能は高めることよりも、損なわないことに注意して、肌のもつ自然の再生力、つまり自己回復力にゆだねるのです。

そうすれば、生まれながらにそなわっている、肌が健康に美しくなろうとする力を損なうことなく、それぞれの女性にとっての最高レベルをキープしつづけられます。それによって80歳をすぎても、マシュマロのようなふわふわの肌を維持できるのです。

肌のもつ自己回復力を最大限発揮させることこそ、長期的にもっとも効果的なスキンケアとなります。わたしの提唱するスキンケアはこの事実に基づいて、肌にとって毒や刺激になるもの、あるいは、保護のしすぎによって害になる可能性のあるものをすべて排した、水洗顔主体のスキンケア法です。

それは、バリアをこわしたり、自家保湿因子に余計な不純物を加えずにすみ、したがって、肌本来の力を最大限に発揮させることのできる肌の健康維持法にほかなりません。

私のスキンケアでは、つけない、こすらない、洗いすぎない、の3つが基本になります。

この基本にもとづいて、スキンケアのための化粧水からクリーム、パックにいたるまで、いっさい使いませんし、メイクでもファンデーションやコンシーラー、化粧下地などのベースメイクの化粧品は使いません。毎日おこなうのは、肌を極力こすらないですむ、ユニークな方法の水洗顔だけです。

ただし、例外もあります。肌の乾燥が激しいときなどには、ワセリンをつけます。

いずれかならず、ふっくらとしたきれいな肌に変わりますが、はじめたばかりで素肌に自信がもてないようなら、その時期だけ、パウダリーファンデーションを使ってもかまいません。

これほどお金も、手間も、時間もかからないスキンケア法は他にないでしょう。それでいて、肌が少しずつふっくらしてきて、ひどかった乾燥も徐々に解消していくのです。

余計なケアをすべて排したこのスキンケアは、たくさんのモノに囲まれた暮らしとは対極にある、過度な無駄を省いたシンプルで欲張らない生き方にも通じます。その心地よさを肌と心が知ったら、もはや化粧品を肌につける気は起こらなくなるでしょう。

Column

化粧水は軟水の少ないヨーロッパで生まれた

昔からヨーロッパの貴族の女性たちはきれいなボトルのひとつには香水を、あとのひとつには水、それも軟水を入れていました。

ヨーロッパのほとんどの地域で、水といえばミネラルをたっぷり含んだ硬水です。硬水で洗うと肌がゴワゴワになるし、せっけんも泡立ちません。体も顔も、髪だって、つい最近まで水を使って洗うことはできなかったのです。そこで昔からずっと、体臭をカバーするために香水を使ってきたわけです。ヨーロッパで誰もが軟水を水道の蛇口から自由に使えるようになったのは、ほんの数十年前です。

それ以前は、オイル洗顔が主流でしたが、軟水をとりよせて、きれいなボトルに入れ、ときどき、顔や体を拭いていました。当時、軟水はワインよりもはるかに高かったそうです。

ところが、日本の水はほとんどが軟水です。たっぷり軟水を使って、体も顔も洗えたので、長い間、化粧水を使う習慣などありませんでした。かろうじて江戸時代の頃からヘチマ水がでてきたようで、それもごく一部の女性たちが使っていたにすぎません。日本では化粧水を使う必要はなかったのです。それは今も同じです。化粧水を使う習慣はヨーロッパの習慣のたんなる猿真似ではないでしょうか?

第4章

つけない、こすらない、洗いすぎない！
美肌をとりもどす
実践 宇津木流スキンケア法

肌がよみがえるたった1つの方法

ひざを痛めて歩けなくなったら、杖の助けを借ります。基礎化粧品を使うということは、いわば、ふつうに歩ける人が杖を使って歩くようなもの。杖をついて歩いていると、日に日に杖なしでは歩けなくなってしまうように、基礎化粧品を使っているうちに、それなしには暮らせない「不自由な肌」になります。

杖は痛めたひざをかばってくれますが、基礎化粧品は傷んだ肌をかばうどころか、症状を悪化させるのです。基礎化粧品なしでは暮らせないような状態になる前に、少しでも早く、化粧品を断つべきです。

皮膚には、体内の水分が蒸発するのを防ぎ、同時に、外部の異物や化学物質が入りこむのも防ぐバリア機能がそなわっています。スキンケアでもっとも重要なことは、この皮膚のバリア機能を良好な状態に保つことです。そうすれば、肌は、特別なケアをしなくても自然に健康的な美肌になります。

そのために、やらなくてはならないことは水での洗顔。それのみです。

では、やってはいけないことは？　肌に悪い成分を浸透させること。つまり、クレンジングや化粧水、美容液、クリームなどの基礎化粧品やファンデーションは使いません。ただし、口紅やアイシャドウといったポイントメイクは許容範囲です。

以上が私のスキンケアの基本。この基本にはじつは、ふたつの例外があります。

まず、はじめてしばらくの間は、素肌に自信がもてないかもしれません。その間だけ、パウダリーファンデーションを使ってもかまいません。

ただし、このファンデーションを落とすときに、クレンジングは使わないでください。水洗顔か、もしくは純せっけんによる泡洗顔だけにします。

あとのひとつは、ワセリンです。基礎化粧品をやめたばかりの時期や、空気が乾く冬などには、肌がひどく乾燥して、粉をふいたり、チクチクした痛みやかゆみを感じたりするかもしれません。そんなときには、皮膚の「毛羽立ち」や強い乾燥感を和らげるために、ワセリンをごく微量使います。

こうして化粧品をほとんどやめることで、かならず肌は健康を少しずつとりもどしていきます。そして、気がついたら、ファンデーションをつけなくても、健康できれいにみえる素肌になっています。そうなった暁《あかつき》には、ファンデーション断ちにも抵抗を感じなくてすむでしょう。ぜひ試してみてください。

ファンデーションなしの素肌はとてもさわやかで、楽です。そのような肌からは品格さえ漂います。そして、ファンデーションを使わないことで、肌の状態はますますよくなっていくでしょう。

ファンデーションを断てば、もはや純せっけんも必要なくなります。すると、肌はまたさらに健康になります。健康になって、めったに乾燥することもなく、つねに適度なうるおいが保たれるようになるので、ワセリンもほとんど使わなくてすむようになるでしょう。

肌には旺盛な再生能力がそなわっています。化粧品の使いすぎでボロボロになってしまった肌でも化粧品をやめれば、かならず回復します。わたしは、そのことを数多くの患者さんたちで証明ずみです。

では、いよいよ宇津木流スキンケア法をみていきます。まずは、洗顔についてです。

とるケア 基本の洗顔①

水洗顔……過酸化脂質も水だけで落ちる

ファンデーションをつけていない人や、フィニッシュパウダー（おしろい）ですませている人、そして、パウダリータイプのファンデーションでも油分や界面活性剤をいっさい含んでいないものを使用している人は、ポイントメイクを落としたあと、水で洗顔するだけでなんら問題ありません。

夜の洗顔では、ほこりやフィニッシュパウダーなどの汚れを落とします。とくに重要なのは、皮脂が酸化してできた過酸化脂質を洗いながすこと。皮脂腺からしみだした皮脂は、数時間で酸化して過酸化脂質に変化し、これが皮膚のDNAや細胞膜を傷つけますので、かならず洗い落とさなければなりません。

過酸化脂質は脂質といっても、水溶性です。水にとけるので、水だけで落とせます。だから自然界の動物は、水浴びするだけで健康と美しい毛並みを維持できます。せっけんは必要としないのです。人間も同じです。

体内の温度は36～37度で、体表はそれよりも1～2度低くて34～35度。

つまり、皮脂は36～37度の体内から34～35度の体表へとけて出てきたのですから、34～35度あれば、皮脂もほとんど落ちるわけです。

また、においのもととなる硫化物や過酸化脂質など、皮膚の汚れはほとんどが水にとけて落ちるようにできています。

そこで、夜の洗顔では皮膚表面の温度、35度以下の、なるべく水に近い「ぬるま水」で洗います。

けれど、これはあくまでも目安。季節によっては冷たすぎるかもしれません。不快に感じない程度の、心地よい温度の水で顔全体をさっと洗いましょう。

朝は冷たい水で交感神経を刺激すれば、体も頭もスッキリと目覚めます。

目尻や目頭についている目ヤニをとり、睡眠中にできたごく少量の過酸化脂質も洗いながしましょう。

◇手の「洗面器」が決め手

宇津木流スキンケア法では洗顔も極力、皮膚を傷めない方法でおこないます。

両手を合わせて水をすくい、そのたまった水の中に顔を入れます。そして、手のひらを顔にふれたまま軽く押しつけては離し、押しつけては離しをくりかえします。この動きによって、手と顔の隙間の水が振動したり動いたりして、顔の汚れがマイルドに洗いながされます。以上が基本の洗顔法です。

とるケア 基本の洗顔②

純せっけん洗顔……「押し洗い」と「うぶ毛洗い」

◇ファンデーションはせっけんで落ちる

一部のパウダリータイプを除き、ファンデーションは油を含んでいるので、水だけでは落ちません。でも、だからといって、クレンジングは決して使わないでください。クレンジングを使わなくても、せっけんだけでかなりきれいに落ちます。

ファンデーションがつかなくなるまで徹底的に落とそうとする人がいますが、完全に落ちていなくてもかまわないし、完全に落とそうとしてはいけないのです。

ファンデーションがきれいに落ちるまで徹底的に洗っていては、自家保湿因子までこすりおとすことになり、とうてい肌がもたないからです。

せっけん洗顔だけでは肌に少量、残るかもしれませんが、気にしないことです。残ったファンデーションは3〜4日もあれば、垢と一緒に落ちます。泡でさっと洗って、あらかた落ちたらよしとしましょう。

◇「押し洗い」と「うぶ毛洗い」

せっけん洗顔のポイントは、たっぷりのこまかな泡でやさしく洗うこと。泡には油性の汚れをとかしこんで、浮きあがらせる効果がありますし、なにより、泡は肌と手の間で潤滑材となって、こすりすぎるのを防いでくれます。こすっていないつもりでも、皮膚表面を守る角質細胞はわずかな摩擦でこわれてしまいます。そこで必要になるのが、泡というわけです。

では、泡はどのようにつくればよいのでしょう。

手で泡をつくると、手の肌が乾燥してしまいますので、「道具」を使うとよいでしょう。泡立てネットも悪くはありませんが、あれはビニールでできていますので、多少なりとも手肌への刺激になります。

泡立てネットよりも肌にやさしく、おまけに泡立ちもよいのがスポンジです。キッチン用のスポンジなどを適当な大きさにカットして使ってみてください。

ただし、スポンジは内部に細菌が繁殖しやすいので、使用前と使用後にかならずよく洗いましょう。使用後に洗ったら、しっかり水分を押しだして早く乾燥するようにしてください。また、週に1回はせっけんで十分に洗い、1〜2か月おきに新しいものとかえます。

1回の洗顔で必要な泡は、ピンポン玉くらいでしょう。

泡洗顔は「押し洗い」と「うぶ毛洗い」の2種類の方法でおこないます。まず、ほお、ひたいなどの大きな部分は、押し洗いにします。

押し洗いでは、泡をつけた手のひらで肌にふれ、そのままぐっと押していきます。手のひらが皮膚に密着してやや圧がかかって泡がつぶれます。このとき手のひらで皮膚にふれたまま、手の力をすっと抜きます。その瞬間、毛穴などにほんの少し吸引力が生じ、微量の泡が手と皮膚の隙間に入りこみます。

以上の動作を、あくまでも手のひらが顔にふれたままくりかえすことです。くりかえすことで、手のひらと肌の間にはさまっている泡が出たり入ったりしながら、隙間をあちこちへ動いて、毛穴の中の汚れを圧縮したり、吸引したりしつづけます。この方法だと、ふつうにこするよりもやさしく、かつ、十分に洗えるのです。

泡が5ミリほど勢いよく動くだけで、十分に洗顔効果があります。手のひらと顔の肌の間で泡が動く感触や、手のひらで、皮膚を圧迫したり、吸引したりする感触を感じてください。

もうひとつ覚えていただきたいのが、うぶ毛洗いです。押し洗いがほお、ひたいなどの大きな部分のためだったのに対して、目のまわりや小鼻の横、あごの先など、凸凹のある細かい部分にもちいます。泡を指先にとって、うぶ毛の先端をなでるように、あるいはプリンや豆腐の表面をなでるつもりで、泡をやさしくそっとのばしながら洗います。

◇すすぎは10回でOK

せっけん分を肌に残さないように、すすぎは十分におこないます。とはいえ、10回もすすげば十分です。

よく、両手のひらに水をすくっておいて、顔全体に何度もパシャパシャとかける人がいます。けれど、この方法では、すすぎ効率は決してよくありません。また、ミクロ的ダメージも少なくありません。角質細胞はわずか100分の1ミリメートルほどの大きさです。パシャパシャとかければ、水が勢いよく当たりすぎたり、手が強く当たったりもします。その結果、肌を細胞レベルで傷めてしまいます。また、水が均一にかからずに「まだら洗い」になるため、せっけん分が残りやすくなります。

正しいすすぎ方は、水洗顔の応用です。まず、両手を洗面器のようにして、水をくみ、そこに顔をひたします。こうすることで全体に十分な水が顔につきますし、水の中にせっけん分がとけだします。そして手のひらで顔にふれ、そのまま静かに手を顔につけたり離したりしてすすぎます。

「洗面器」に水がなくなったら、新しい水をすくい、その中にまた顔をひたします。まんなかあたりのほおだけでなく、水をかえるたびに顔の側面やひたい、フェイスライン、あごの先などもすすぎおとしのないように水にひたします。以上を10回ほどくりかえして終わりです。

このすすぎ方では、皮膚をこすらないのが原則です。どうしてもこすりたい部分があれば、うぶ毛を指の腹でそっとなでる「うぶ毛洗い」程度にします。

水の温度も大切です。35度以下の、なるべく水に近い「ぬるま水」を使います。

また、お風呂で泡洗顔をした場合は、シャワーですすぐのもよいでしょう。ただし、気をつけなくてはいけないのは、シャワーの温度と水圧です。少し熱めのシャワーを勢いよくかけるのが好きな人もいますが、これをやると、皮膚の自家保湿因子が熱にとけ、水圧でも流れて、肌は確実に乾燥します。

顔にかけるのは、手の「洗面器」ですすぐときと同じ、35度以下のなるべく水に近い「ぬるま水」にし、水圧は弱めで肌に心地よくあたる程度に抑えます。

とるケア 基本の拭き方

やわらかいタオルが必須

水は肌の大敵です。肌に水が残っていると、その水が蒸発するときに角層の最上部の角質細胞が浮いたり、カールしたりします。どちらも、肌を乾燥させることになります。そこで、洗顔後はすぐにタオルで水をよく拭きとってください。

肌をこするのは絶対にNGです。タオルに水分を吸わせるのがポイント。タオルを肌に当てて、そのままそっと押しつけるのです。このとき、タオルには水分をきちんと吸いこむ時間が必要です。3～5秒は静かに押しつづけましょう。

新しいタオルは、綿の表面が油性のものでコーティングされているので、水をはじいてしまいます。1、2回洗ってから使うとよいでしょう。洗うほどに、吸水力もアップしますので、古いタオルのほうがおすすめです。ただ、古いタオルは表面がゴワゴワしていて、それが肌を傷めることもありますので注意してください。よくもんで、やわらかくしてから使いましょう。

人は肌にほんの少しでも水分が残ることを、本能的に嫌います。洗顔後に顔を拭くときに、わざと少しだけ水分が残るように拭いてみてください。きっと、この中途半端な拭き方では気持ちが悪くて、もっとしっかりと拭きとりたくなるはずです。この本能があるため、つい、ごしごし拭きとろうとしたり、タオルを強く押しつけすぎたりしがちですから、くれぐれもご注意ください。

とるケア
メイク落とし

ポイントメイク落とし

◇アイメイクは「ころがしとり」

ポイントメイクをしている人は、まっ先にポイントメイクを落としましょう。

アイシャドウやアイライン、眉ずみは、「ころがしとり」です。こすらずに、綿棒をころころところがしながらとっていきます。綿棒を水道の水で湿らせて、それをまぶたなり、眉なりの上で1〜2回ころがすのです。

水だけでは落ちないなら、綿棒に純せっけんをほんの少しつけます。純せっけんをなでるようにするとうまくいきます。そして同様にころがします。

最近は、ぬるま湯で簡単に落とせるマスカラも売られています。マスカラはこのタイプを使うのがいちばんですが、それ以外のマスカラでは、水で湿らせた綿棒2本でまつげをはさんで落とします。

この方法では落ちにくいようだったら、まつ毛の上下いずれかの綿棒をもう片方の綿棒に押しつけながら回転させましょう。

アイメイクにしろ眉ずみにしろ、完全に落とそうとはしないこと。多少肌に残っていても、皮膚の新陳代謝によって3〜4日で垢と一緒に自然に落ちていきます。徹底的に落とそうとすれば、それだけ肌をこすることになり、炎症や黒ずみの原因となります。くすみやシミの要因のひとつが、肌をこする習慣であることは、形成外科の領域ではよく知られるようになってきました。

◇口紅はティッシュがいちばん

口紅をぬりおわったあと、ティッシュペーパーを唇にはさんで余分な口紅をとる。あれと同じことを2〜3回くりかえせば、口紅はほとんど落ちます。

それ以上やる必要はありません。次の日、また口紅をつけるわけで、唇に残っている一部分は、新しい口紅と一緒にとれてしまいます。また、唇の場合は、他の部分よりもターンオーバーが速く、たとえ残っても、2〜3日すれば完全に落ちています。唇のシワの間に入っている口紅まで、せっけんなどを使って無理にとろうとすれば、保湿成分まで落としてしまうため、唇は間違いなくカサカサに乾燥してしまいます。

体にしても、神経質な人ほど乾燥して、かゆみに悩まされています。マイクロスコープでみると、乾燥した肌は炎症だらけで、皮膚のキメも不ぞろいで浅くなっています。

「神経質ですね」「えっ、なぜわかるんですか?」「肌が乾燥してかゆいのは、こすりすぎているからですよ、しかも顔のすみずみからあごの裏まで、キメがなくなってしまっています。神経質でないと、ここまできっちりは洗いません」。

マイクロスコープで患者さんの肌の状態を通して、性格までもみえてきます。

基本の洗顔①　水洗顔

洗顔のおさらい

水温は34〜35度の
「ぬるま水」が基本

①
両手で水をすくい、
その中に顔をいれる。

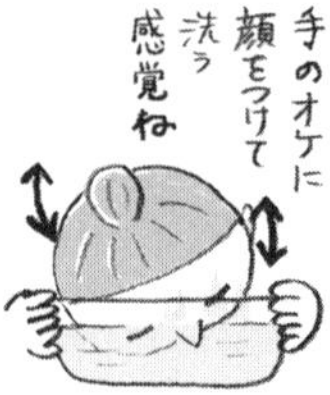
手のオケに顔をつけて洗う感覚ね

顔の向きを変えて
ていねいにね

②
手のひらで顔にふれたまま、
軽く押しつけては離す、を
くりかえす。

■もう少しよく洗いたいときは…

さらによく洗いたいときは、指の腹を使い、豆腐やプリンをなでるようにそっと洗顔します。

バシャ
バシャ

<注意点>

- バシャバシャと水を強くあてるのはダメ！
- シャワーを使うときは水温と水圧に注意。

むずかしいキマリはありません。
強い刺激を与えなければ、
自分がやりやすい方法でOK。

ぶんっ
鼻息で水を波立てて洗ってる人もいるわ。

<肌をこすってはいけない理由>

毛穴のフチには、タケノコのような尖った形状の突起があります。肌をこすると、この突起がめくれたり、折れてしまいます。そうなると、炎症をおこし、毛穴が黒ずみ、肌のくすみやシミの原因に。炎症を起こすと、皮脂が出にくくなって、ニキビができやすくなります。

だから、こすっちゃダメなの

基本の洗顔②　純せっけん洗顔

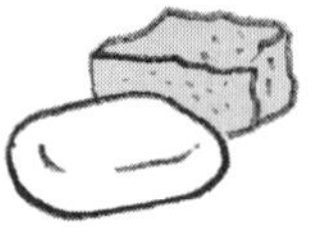

＜用意するもの＞

●純せっけん
●スポンジ(台所用のもので可）を5cm角程度にカットしたもの。

①スポンジでせっけんを泡立て、ピンポン玉程度の泡をつくる。

②広い部分は「押し洗い」

泡をつけた手のひらを、ひたい、ほおにぐーっと押し当てる。泡がつぶれたら、皮膚に手がつくかつかないかのところで手の力をゆるめる。泡が動く感触や、手のひらで圧迫したり吸引したりする感触を感じてください。

③凸凹のあるところは「うぶ毛洗い」

目のまわりや小鼻、あご先などは、泡を指先にとり、うぶ毛の先端をなでるように、表面をやさしくなでるつもりで泡をのばす。

④水洗顔の要領ですすぐ。

基本の拭き方

タオルを軽く押しつけて

洗顔後はすぐにタオルで水気を拭きとります。肌をこするのは絶対にNG。タオルに水分を吸わせる感覚で、静かに肌に押しつけて。

アイメイクの落とし方

マスカラは、綿棒の２本使いではさんで落とす。

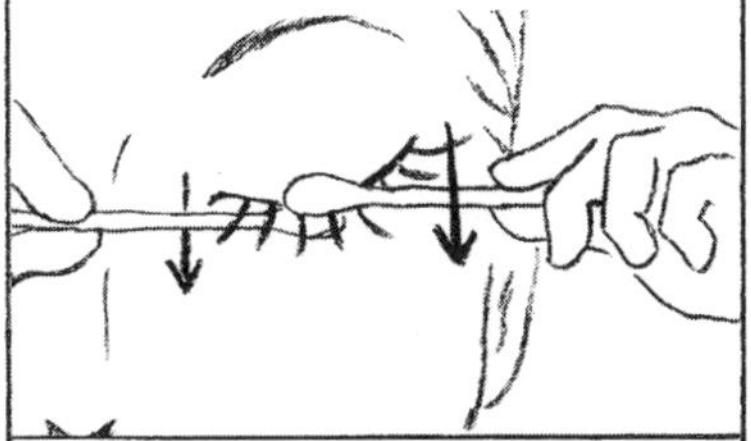

落ちにくいときは、下の綿棒を台にして上だけころがす。

アイシャドーはころがしとり

水にぬらした綿棒を1〜２回ころがして落とす。

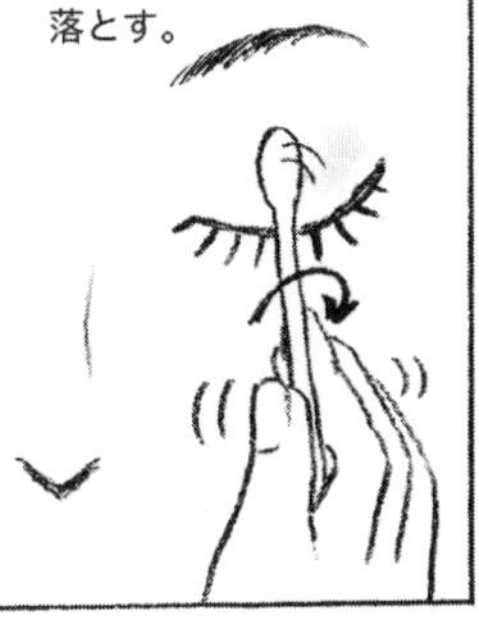

つけるケア 基本のつけ方

「粉ふき」にはワセリンを

これまで何回かでてきたワセリンは、石油を蒸留した残渣《ざんさ》から得られた油をさらに生成したものです。なかなかのすぐれもので、植物油でも動物の脂でも空気にふれれば1日で酸化しはじめますが、ワセリンは酸化するまでに数年かかります。そのため、昔は隆鼻術や豊胸を目的にワセリンが注入されていた時代もあるほどです（ただし、数年後には酸化して変性するので、大問題になったわけですが）。

それはともかく、ワセリンは他のオイル類やクリームとちがって、皮膚にしみこんでいきにくいのも特徴です。つまり、きわめて酸化しにくく、そのため皮膚を刺激することなく、しかも、皮膚の中へ浸透しにくい。ワセリンは肌にとって、とてもやさしい素材といえます。皮膚病でジュクジュクしたり、やけどで皮膚が赤くむけてしまったような傷に対しても、患部を保護する目的で使われるほどです。反対にクリームやローションは刺激が強くて傷が治らなくなるので、形成外科医は、ふつう、やけどや傷の治療には使いません。

肌がひどく乾燥しているときには、角質細胞の端がスルメをあぶったときのようにカールして、いっせいにめくれあがります。すると、粉をふいたようになります。

あまりにも粉ふきの程度が重症だと、めくれた細胞の隙間から皮膚の中の水分が蒸発しやすくなります。そのような部分に、ごく少量のワセリンをつけるのです。ワセリンによって、めくれた角質細胞を皮膚に貼りつけることができて、肌を乾燥から守れるというわけです。

かゆみやチクチクする痛みを感じる場所にも、ごく少量のワセリンを使います。かゆみやチクチクを感じるのは、肌が乾燥しすぎて、目にみえない細かいひび割れで傷だらけになって、軽い炎症を起こしているためです。ワセリンでコーティングすることによって、外部からの刺激から肌を守ることができ、傷が治りやすくなります。

ワセリンをつけてもいいのは原則として、粉をふいている部分と、かゆみやチクチクのある部分のみです。それらの症状がない場所にはつけません。むしろつけないほうが肌を荒らさずにすみます。

ただし、例外もあります。たとえば、目もとが乾燥していて、小ジワが気になる冬などに外出するときには、ごくごく少量のワセリンを目もとにつけて、多少目立たなくする程度なら許容範囲です。また、湿度が10～30パーセント台などと、ひどく空気が乾燥している冬などには、顔全体にワセリンを薄めにつけてから、出かけてもよいでしょう。

もうひとつの例外が、唇です。唇が乾く人は、かならずといっていいほど唇を舐めています。舐めることで唇の肌がぬれて、乾燥するのです。ワセリンでコーティングしておけば、多少舐めても、唾液が唇の肌に直接つかないので、乾燥しづらくなります。ワセリンが「唾液よけ」になるのです。

◇ワセリンの適量は米粒の半分くらい

ワセリンをつける場合は、ごくごく少量にします。綿棒の先にちょっとすくってとれる程度、米粒の半分ほどの量です。それを両方の手のひらでよくのばしてから、必要な部分にのみ手のひらを押しつけながらつけます。

こすると肌にダメージを与えますので、「押しづけ」にするのです。足りないと感じたら、同じようにしてつけたします。

たとえワセリンでも、つけすぎは禁物です。肌をかえって乾燥させてしまいます。たとえば、肌にラップを貼りつければ、数分もすると、肌から出る水蒸気でラップの内側に水滴がつきます。同じように、ワセリンで肌をべったりカバーすると、皮膚から出た水分がワセリンと皮膚の間にたまります。

水分は角層の表面の細胞にいったん吸収され、そして、その水分は、いずれかならず蒸発します。蒸発すると、角層がこわれて、天然保湿因子も一緒に蒸発したり、流出したりして、肌が乾燥するわけです。

なお、ワセリンはつけたままでも、酸化して肌に害をおよぼすことがほとんどないので、せっけんなどで落とす必要はありません。水洗顔だけで十分です。翌朝は、前日のワセリンが少し皮膚に残っているので、つける必要はないかもしれません。乾燥感がつよければ、必要な部分に同じように押しづけします。

ワセリンはべたべたして嫌い、という方がたくさんいます。それはつける量の問題です。しかし、肌に必要な分だけつける技を身につければ、ワセリンほど肌にやさしく、効果的な保湿剤はありません。使い方を習得してください。

ワセリンの「適量」を知る方法があります。まず、指先を鏡に押しつけると、油膜が鏡に指紋として付着します。この程度が油膜の適量の目安となります。ワセリンを顔につけてから、その肌を鏡に押しつけてみましょう。指紋よりもべたっとついたら、つけすぎ。「量は最小限」を肝に命じてください。

◇清潔に保つことが大切

同じワセリンでも、純度の低いものは黄色っぽい色をしていますが、純度が高いものは白色ワセリンとよばれ、白っぽくて透明感があります。肌につけるのは、かならず白色ワセリンにしてください。

ワセリンはひとつ買えば、大きさにもよりますが1年や2年はなくなりません。このように長く使うため、清潔に保つ工夫も必要です。指で直接とるのではなく、かならず楊枝や使い捨ての綿棒にとることです。かきまぜると、気泡が入ってしまうので注意しましょう。なるべくあとが平らになるようにとってください。表面が凸凹だと、それだけ空気にふれる面積が多くなりますので。

このように注意をしていても、時間がたてば、空気にふれている表面にはバイキンが繁殖してきます。ときどき表面だけごっそりとりのぞきましょう。

1年以上使わなかったものでは、細菌が繁殖している可能性があります。表面を少し捨てて、空気にふれていない部分を使うことです。また、ワセリンがいくら酸化しにくいといっても、数年前に購入したものなどは、使わないほうが無難でしょう。

◇日焼け止めより帽子や日傘をおすすめします

日焼け止めはクリームに紫外線をブロックする成分が含まれているので（クリームの害）、自家保湿因子をとかし、保湿バリアをこわして肌を乾燥させる副作用があります。

しかも、日焼け止めを落とすときに肌をこすり、細胞間脂質もろともなくなります。これでは、紫外線を浴びるよりも肌へのダメージのほうが大きくなってしまう可能性もあります。

日本人の肌の場合、通勤や散歩などのさいに、10分や15分紫外線を浴びた程度では、シミになるほどのメラニンはつくられませんから日焼け止めは不要です。

そもそもゴミを出したり、洗濯物を干したり、おつかいに出かけたりといった日常生活では、帽子や日傘で紫外線を十分に防げます。

最近では、遮光の生地をもちいた、90パーセント以上の紫外線をカットする帽子や日傘も売られてしますし、そういったものを上手に活用すれば、日焼け止めに負けない紫外線カット効果も得られるでしょう。

帽子は前だけではなく、全体にツバのついているもののほうが、サイドやうしろからの紫外線もブロックできておすすめです。ツバの幅が8センチほどあれば、顔も首もカバーできるでしょう。

それでは、南の島へ旅行に行ったり、長時間戸外でスポーツをしたり、釣りをしたりするときにはどうしたらよいのでしょう？　キャディさんの格好を見習います。つばの大きい帽子をかぶり、布で顔をおおうのがいちばんです。

そんな格好ではショッピングにも出かけられないし、ゴルフだってできないというのなら、やはり日焼け止めを使うしかないでしょう。

この場合、日焼け止めはワセリンベースのものを選ぶのが理想です（参考：「ＶＵＶプロテクト」10g、１５００円（税込み）、販売元 株式会社エメローゼンＦＡＸ：０４３・３０１・３７８２、メールアドレス：info-cu@aimeerozen.jp）。

ワセリンがベースであれば、クリームのように肌の中に入っていったり、自家保湿因子をとかしてバリアをこわす心配はありません。きわめて酸化しにくく、防腐剤も入っていません。

ワセリンベースの日焼け止めが手に入らなければ、せめて紫外線吸収剤を使っていない、ノンケミカルといわれる散乱剤のみのものを選びましょう。

なお、ウォータープルーフの日焼け止めはなるべく使わないこと。ペンキをぬれば、シンナーで落とさなければならないのと同じように、洗浄力のきわめて強い専用のクレンジングを使う必要があるタイプもあります。そういったクレンジングはドーランさえもひと拭きできれいに落とすほどですので、ふつうのクレンジングクリームよりも、さらに肌を傷めることになります。

つけるケア
メイク

①ベースメイク

◇ファンデーションの選び方

素肌に自信がもてるようになるまで、どうしてもファンデーションをつけたいというようならなるべくパウダリーファンデーションにします。

油分や界面活性剤がまったく含まれていないか、大幅にカットされているものを選べば、肌へのダメージは、クリームやリキッドのタイプのファンデーションよりもずいぶんと少なくてすみます。

さらに肌への負担がもっとも小さいものを使いたいなら、「お粉《こな》」や「おしろい」などともよばれているフィニッシュパウダーです。肌を傷める油分も界面活性剤もいっさい含まれていません。これをファンデーションがわりに少量使えば、肌をなめらかにみせてくれるでしょう。

というわけで、肌にベースとして何かつけたいのなら、パウダリーファンデーションかフィニッシュパウダーのどちらかにしてください。

また、前章でもふれたように、ファンデーションはつけていたいという人も、せめてコンシーラーや化粧下地、コントロールカラーなどは今日を境に、きっぱりやめるべきです。どれも基本的にリキッドファンデーションと同じで、それらを重ねづけすればするほど、肌はよりダメージを受けることになります。

もし、どうしても隠したいシミ、ニキビ跡などがある場合は、さっさと治療してしまうことをおすすめします。今はそれが安全確実にできる時代なのですから。

◇下地にはもちろんワセリンです

肌につけてもよい唯一の油がワセリン。ベースメイクの場面でもいろいろ活用できます。

パウダリーファンデーションやフィニッシュパウダーの粉は多少とも肌を乾燥させます。粉による肌の乾燥が気になるなら、下地がわりに、ごく少量のワセリンをつけておくとよいでしょう。

また、キメがないほど肌が傷んでいる人では、パウダリーファンデーションやフィニッシュパウダーは肌にのりませんし、すぐにメイクがくずれてしまいます。そのような人でも、やはりごく少量のワセリンを下地がわりにつけましょう。肌に粉がなじみますし、メイクくずれもかなり防げます。

大切な人と会うとか、晴れの舞台に立つとかといった勝負をかける日には、色ムラなどを隠して、つややかな仕上がりにみせるクリームやリキッドタイプのファンデーションを使わざるをえないかもしれません。

その場合も、下にごく薄くワセリンをぬっておくと、ファンデーションが肌に直接つかない分、肌を傷めることも少なくてすみます。

つけるケア

メイク

②ポイントメイク

顔をきれいに見せる効果も考慮すれば、ポイントメイクくらいは許容範囲としたいと思います。

もちろん、肌のことだけを考えれば、ポイントメイクもつけないにこしたことはありません。メイクをつけたり、落としたりするときに、肌をこすることになりますし、防腐剤や、ものによっては油や界面活性剤などの入ったものを肌につけることにもなります。

とはいえ、ポイントメイクをつけるのは眉毛、目もと、唇など、顔のごく限られた狭い部分です。顔全体にぬるファンデーションとはダメージの程度がちがい、マイクロスコープでみている限り、キメの消失などもほおの皮膚ほど顕著にはみられません。

その昔、武士は疲れたり、やつれたりしてみえないように、ほお紅などをつけて身なりを整えるべし、と『葉隠』にもありました。

ポイントメイクは現代女性には大事な身だしなみのひとつでしょう。気持ちも浮きたつでしょうし、上手にメイクをしている女性の華やかさは、みる者の目を楽しませてもくれます。

ただし、害があることは確実ですから、なるべく界面活性剤やオイルの入らないパウダー状の化粧品を選び、また、つけたり落としたりするときに、クレンジングは使わず、少しでもこすらなくてすむよう細心の注意を払うことが絶対条件です。

必要のないときには、なるべくつけないように気をつけて、かゆみ、赤み、粉ふき症状があるときには、完全に治るまで少なくとも2～3日、使用を中止して、肌を休ませながら使うことが重要です。

◇まぶたをこすると、老け顔になります

眼瞼《がんけん》下垂《かすい》という言葉を聞いたことがおありでしょうか？

上まぶたの裏側には、眼球を守るようにかたい板（瞼板《けんばん》）があり、その上には、まぶたをひきあげるための筋（眼瞼挙筋《がんけんきょきん》）がついています。これらの板と筋は、腱（眼瞼挙筋《がんけんきょきん》腱《けん》）を介してつながっています。この腱がゆるんだり、切れたり、はずれたりすると、まぶたが垂れてくる。これが眼瞼下垂です。

眼瞼下垂になると、目が開けにくくなったり、まぶたが目の上におおいかぶさってきたり、目がくぼんできたりします。

また、下まぶたにもクマや脂肪の袋ができやすくなります。それだけでなく、顔全体のシワやたるみの原因ともなります。つまり、眼瞼下垂は老け顔をつくる一大原因といえるのです。さらに、最近では肩こりや頭痛、うつ病の原因にさえなることが知られています。

筋と板をつないでいる腱は、同じ腱でも太くて丈夫なアキレス腱とは大ちがい、先端部分はタラコの薄い皮のような組織で、とても頼りないものです。

そのため、こすったり、ひっぱったりするちょっとした刺激で、のびたり、はずれてしまい、眼瞼下垂を起こすのです。コンタクトレンズがその原因になることはよく知られています。

老け顔の一大原因である眼瞼下垂を防ぐためには、アイメイクをほどこすときも、こすったり、ひっぱったりする回数を少しでも減らすことが重要です。知らないうちに癖になっている人もいるようですが、メイクするとき以外でも日頃から、まぶたをこすらないように注意しましょう。

◇アイシャドウは、ひとはけで終わらせる

アイシャドウも、パウダータイプのものを選びます。クリームタイプのものには、油や界面活性剤が含まれていますし、指先やチップなどでのばすときに、まぶたの皮膚をかなりこすることになってしまうからです。

大切なのは、やわらかいブラシでさっとひとはけする程度にすることです。ブラシを何度も往復させれば、まぶたの皮膚表面をこすることになり、タラコの薄い皮ほどの瞼がのびたり、はずれたりして、眼瞼下垂の引きがねになります。また、慢性的にこすることでメラニンが増えて、まぶたが黒ずんでもきます。

アイシャドウをつける範囲をなるべく狭くすると、長く使っても比較的、害がでにくくなります。

アイライナーでも気をつける点がいくつかあります。

けっこうダメージが大きいのが、ペンシルタイプのアイライナーです。目尻を引っぱりあげながら、まぶたのきわに、1本1本のまつ毛の間を埋めこむように描いていくのが、自然な目もとをつくるコツなのだそうですが、これを毎日続けるのはやめたほうがよいで

しょう。

目尻を強く引っぱっていると、眼瞼下垂を起こしかねません。

それに、まつ毛の毛根や毛穴はとても繊細で、害を受けやすい部分です。そこにペンシルの硬い芯で物理的な刺激を与え続けて角質細胞をこすりおとし、バリアをこわしているわけです。日常的にそれが続けば、乾燥をはじめとしたダメージがないはずがありません。

実際に、まぶたのきわがかゆくなる女性が最近、増えています。マイクロスコープでみると、まっ赤になっていたり、メラニンがたくさんたまっていたりします。

乾燥による炎症が原因のかゆみかもしれないし、ペンシルの成分によって接触皮膚炎を起こしたのかもしれませんが、いずれにしても、炎症を起こせば赤くなります。赤くなったら、茶色く変わるわけで、まぶたのきわは確実にくすんできます。

まぶたにファンデーションをつけるのもご法度です。まぶたのくすみをカバーしたいのでしょうが、ファンデーションをつけるときにこすり、せっけんで落とすときにまたこすることになります。

皮膚の薄いまぶたにアイシャドウなどの「異物」が直接つくことに抵抗のある人は、少量のワセリンをまぶたにそっと押しづけするとよいでしょう。まぶたへのダメージが最小限に抑えられます。

ただし、そのワセリンを完全に洗いおとそうとはしないこと。その刺激でかえって被害が大きくなります。ワセリンは酸化しにくいのが特徴。多少残っている分は、垢と一緒に自然に落ちていくのにまかせればいいのです。

◇まつげエクステは炎症を起こします

まつげのエクステンション、略してエクステが大流行だそうです。うちのスタッフたちもつけてきました。「肌ではなくて、まつげにつけているのだから、先生、大丈夫だと思いますよ」。私はこれでもなかなか素直な人間ですので、「へえ、まつげにつけてるの。それならいいか」と、しばらく様子をみることにしました。

ところが、マイクロスコープでまぶたの皮膚をみると、炎症でまっ赤になっているではありませんか。つけている本人は気づいていないけれど、みんな、ものすごい炎症を起こしていたのです。

このまま炎症が続くと、半年後、1年後にはほぼ間違いなく、まぶたがくすみ、黒ずんできます。クリニックのスタッフには即刻、「エクステ禁止令」を出したことはいうまでもありません。

しかも、まつげのまわりに炎症が続くと、白目まで少し赤くなります。白目が赤い状態が続くと、白目にコラーゲンが増え、毛細血管も増えてくるため、白目が黄色く濁ってしまいますし、目まで乾きやすくなります。

まぶたの慢性炎症をきっちり治してあげたら、まぶたの黒ずみはもちろんのこと、白目もまっ白になり、ドライアイまで治った患者さんが数人いました。

そのとき、まつげのまわりの炎症と白目、目の乾きといった症状に相関関係があることを知ったのです。

もっときれいになりたい、もっときれいになりたい、と強欲の限りを尽くし、欲望を際限なくふくらましつづければ、最後には白目まで濁って、目も不調になって疲れた目になり、目力《めぢから》がなくなります。これでは、スッピン美人をめざしていたほうがはるかにイキイキとした、健康美を維持できます。

アイシャドウでもアイライナーでも、またエクステでも、皮膚にしてみれば、不必要で有害なゴミや汚れがついているのと同じです。少しでもきれいに見せたいという欲のために、慢性的なかぶれが治らなくなってしまうリスクを皮膚に負担させつづけることは、どうかと思います。

エクステも、他の化粧品と同様、いつまでもやり続けるものではなく、特別な行事などがあるときに、たまに利用する程度にするべきだと思います。

ただし、まぶたにかゆみ、赤み、粉ふき、かぶれ、黒ずみのいずれかひとつでも症状がでたら、きっぱりとそれらを断つべきでしょう。

◇口紅、グロス…口元は1種類だけにして

口紅だけでなく、最近はリップペンシルやリップグロスなどを使うのもあたり前になっているようですが、口紅にしろ、リップペンシルにしろ、リップグロスにしろ、界面活性剤や油を含んでいますから、種類を多くつければつけるほど、唇の皮膚のバリアをひどくこわすことになります。

バリアがこわれてそれらが皮膚の中に入りこめば、慢性の炎症を起こしかねません。炎症を起こせば、メラニンがたまって唇の色がくすんできます。

被害を最小限にとどめるためには、つけるのは口紅だけ、リップグロスだけというように、1種類でがまんしましょう。

また、濃くつければそれだけ多くの界面活性剤などが入りこみます。薄めにつけるほうが無難です。

唇は一種の粘膜ですから、健康であれば、つるんとして、ぬれたように光ります。そのような健康な唇にみせるためにリップグロスを使えば、実際には唇は不健康になってしまいます。そこそこの美しさでよしとするのも大切ですね。

ところで、唇に茶色のメラニンがたまると、紫色にみえます。これは、レーザーで治療が可能ですから、紫色を隠すために口紅を厚くつけて炎症を起こすよりは、さっさと治療してきれいな色をとりもどすほうがよいでしょう。

宇津木流スキンケア法を続けるために

◇成果はかならずあらわれます

私のスキンケア法をきちんと守って、水洗顔のみのケアに徹したら、確実に成果があらわれ、肌は美しくよみがえります。

では、どのくらいの期間で成果はあらわれるのでしょうか。

化粧品を使ってきた年数が長いほど、そして、熱心にスキンケアをしてきた人ほど、キメが失われて乾燥もひどくなっているので、当然ながら理想的な肌になるまでには時間もかかります。

皮膚の状態は、理想形の0から、キメがまったくない、もっとも重症のⅢまでの4段階に分類できます（25ページ参照）。私のスキンケアを実践して理想形の0に到達するまでの、これまでの「最速記録」は、Ⅰの患者さんではわずか7日で、もっとも重症なⅢの患者さんでも、2か月足らずでした。

そこまで速くなくても、たとえば、もっとも重症のⅢだった37歳のAさんの場合は、スタートして6か月ほどで理想形の0になりました。

最初の2週間ほどで、うっすらと鉛筆で線を引いたようなキメがあらわれてⅡのレベルに、さらにその3か月後にはⅠにまで改善されて、さらにその2か月半後には0に、つまり、こまかなキメのひとつひとつの形がきれいに整い、それらのキメにかこまれた三角形が勢いよく盛りあがる理想的な状態にまで改善されたのです。

これまで3000人以上の患者さんをみてきて、再生までにいちばん長くかかったのが、当時46歳だったエステティシャン、Bさんでした。

お仕事柄、ふつうの女性とはくらべものにならないほど熱心に毎日、毎日、スキンケアに励んでこられたようです。

Bさんがもっとも重症のⅢから理想形の0になるまでかかった年数は、なんと11年間。さすがの私も、あまりに長期間傷めつけられてしまった肌のキメは再生しないのかもしれないと考えたほどです。

でも、Bさんは私のスキンケア法を続けました。スタートして1~2年たつと、少しずつ肌がきれいになり、まわりの人たちからもほめられるようになったのが大きかったようです。

しかし、みた目はきれいになっていても、キメは相変わらずⅢのレベルのままでした。それでも、ときどき肌をほめられ、それが励みになって続けられたといいます。そして、そのうち、肌の状態はさらに少しずつよくなっていき、ついに11年目にして、0のレベルの理想肌を手にしたのです。

Bさんはきわめて特殊で、まれな例です。ふつうは最悪のレベルⅢから、長い方でも2

～3年、多くの方たちは1年以内で0レベルの美しい肌をとりもどします。

◇はじめにやってくる〝ふっくら感〟

改善の速度に個人差はありますが、はじめてしばらくすると、みなさん、指先で肌にふれたとき、以前よりも表面がやわらかく、ふっくらしていることに気づくことでしょう。角層が健康になって、バリア機能がしっかりとしてきた証拠です。

そのおかげで、基底層で細胞分裂がさかんになり、新しい細胞が次々に生まれて、肌のキメに勢いがでてきます。

角層の状態は皮膚全体を支配していますから、表皮細胞が増えて表皮が厚くなれば、真皮でもコラーゲンがつくられるようになって、肌は弾力とハリを増します。こうして肌全体の厚みが増すために、指でふれてもふっくらとして感じられるわけです。

また、洗顔をしたあとも、肌がつっぱらないことに気づくはずです。バリア機能を構成している自家保湿因子に不純物を混ぜない、自家保湿因子をこすりおとさない、のふたつを続けてきたおかげで、肌はみずからうるおう力をとりもどし、その力をいかんなく発揮するようになっているのです。

けれど、化粧品を何もつけずにいることに耐えられずに、途中で挫折し、脱落していった患者さんもたくさんみてきました。

とても残念な話ですが、それだけ肌に何かをぬりつけて保護しなければならないという「神話」が、世の中の常識としてすみずみまでいきわたっているのでしょう。

とくに長年、スキンケアを熱心にしてきた人は、最初の1〜2か月は、肌の乾燥感に悩まされて、かなりつらいはずです。

洗顔後の状態を考えれば、それまでだって肌は乾燥しきっていたのです。それを、化粧水やクリームをつけてベトベト、ギトギトにして、あたかも肌自体がしっとりしているかのように錯覚していただけなのです。

わたしのスキンケアをはじめたら、そういったごまかしは、いっさいきかず、そのため、肌の状態がストレートに実感されます。バリアがこわれたボロボロの肌がむきだしにされたままですから、粉がふき、小ジワも目立ちます。皮膚が薄いので、テカった赤ら顔で、色ムラの多い肌にみえます。肌はガザガザで表面が硬く感じます。

でも、そこで化粧水やクリームに手を出しては元の木阿弥です。どうか辛抱してください。1か月もして、新しい皮膚と入れかわってくると、かならず乾燥も少しずつおさまってきます。

そうなったら、指先にやわらかくて、ふっくらとした肌を感じるのも、もう時間の問題です！

◇マイクロスコープで肌をみてみよう

私のスキンケアを続けるうえで頼もしい助っ人がいます。自宅で使えるマイクロスコープです（参考：「ポケットマイクロ」9800円（税込み）スカラ株式会社03・3348・0181）。iPhoneにつなげば、鮮明な肌の画像を写しだせるというすぐれもの。

肌が乾燥してバリバリになって、「クリームをつけたいな」と思ったり、10年前の私の妻のように「化粧品をやめるのがいいなんて、そんなこと誰もいっていないじゃないの」など疑いが頭をもたげてきたときに、この自宅用のマイクロスコープで肌を実際にチェックするのです。「百聞は一見にしかず」です。

マイクロスコープはウソをつきません。本当の肌の状態を正直に知らせてくれます。肌があいかわらず乾燥していても、ミクロのレベルでは徐々に皮膚が再生されつつあれば、それもはっきりと示してくれます。

その画像が励みとなり、喜びとなり、続ける力となるでしょう。ちなみにマイクロスコープで肌をチェックするときは、ホクロなどを目印に決めて、いつも同じポイントをチェックしてください。少し位置がずれるだけで、キメの状態がちがうことがあります。

また、自分の肌の状態をきちんと把握しておくために、月に1回はマイクロスコープを使って肌チェックをおこなうとよいでしょう。

キメが乱れていれば、一目瞭然。あ、ちょっと強く洗顔しすぎだな、寝不足が続いているな、ストレスがたまっているな、などと自分なりに原因を考え、ケアや生活を正すきっかけにもなります。

◇化粧品をやめられない、という人へ

クリニックの患者さんの中にも、一気にスパッと化粧品をやめて水洗顔だけにする人もいれば、段階的に、少しずつやめていく人もいます。どちらの方法でもかまいません。ご自分の性格やライフスタイルに合わせて選んでください。

段階的にやめていく場合でも、クレンジングはまっ先に断ってください。クレンジングは、肌の健康の要であり保湿の要である自家保湿因子までひと拭きで落としてしまいます。

クレンジングを使っていては、間違いなく乾燥肌になります。健康な肌など望むべくもありません。クレンジングの中止は、健康な肌の必須条件です。

次にやめなければならないのがクリーム、そして、乳液、美容液、化粧水と続きます。

一回につける化粧品の量を減らす方法も有効です。肌の中にしみこまない程度、つまり肌の表面にちょっとつく程度の量にします。

そして、つける頻度を一日おき、二日おき……と減らし、化粧品を使わない期間を延ばしていって、最後にすべて中止するのです。この場合も、化粧品をつけるときは、かならず手のひらに一度のばしてから、必要な部分にだけ押しづけにします。くれぐれもべたつかない程度につけるようにしてください。

スタートする時期はいつでもかまいません。

たとえば、冬は空気が乾燥していますし、また、寒さのせいで皮膚の新陳代謝も低下しがちで、肌にとっては過酷な季節です。そのような季節に化粧品を断つのはつらいけれど、1か月辛抱すれば、かならず肌は落ちついてうるおってきます。春にはふっくらとした、乾燥知らずの肌になっているはずです。

思いたった日が吉日ともいいます。季節に関係なく、本書を読みおわって、「よし、やるぞ！」と気合がみなぎったときこそ、はじめどきです。

◇欲張りすぎないのが成功の秘訣

クリームをぬりこみ、ファンデーションをつければ、たしかにそのときは「うる肌」、「つや肌」、「プリ肌」にみえるかもしれません。

けれど、みせかけのうる肌やつや肌の下では自家保湿因子がとけだし、バリアがこわされ、細胞分裂が停止して、皮膚が萎縮しているのです。このようなことを毎日くりかえしていれば、遅かれ早かれ肌はすっかり老化してしまいます。

大好きな人とデートするとか、同窓会で久々になつかしい旧友たちと会うとか、そのような特別な日にたまにファンデーションできれいに肌を整えるのなら、許容範囲かもしれませんが、毎日、毎日、ファンデーションをくりかえしつけるのは、欲張りというものです。それに、夜ならまだしも昼はノンファンデーションのほうが肌は断然、きれいにみえます。

こんな逸話もあります――。

毎日、ばっちりファンデーションをぬって完璧な化粧をしている人が、たまたま素顔をみられると、「この人は、本当はこんな顔なんだ」と、周囲の人はスッピンを本当の顔として記憶します。いっぽう、ふだんはスッピンで化粧気のない人が、たまにパーティなどで、バッチリ化粧をした「キメ顔」をみせると、周囲の人は「この人は、本当はこんなにきれいなんだ」と、化粧をしたときの顔が本当の顔として、心にいつまでも残る傾向があるといいます。あなたはどちらが得だと思いますか？

70歳、80歳になっても自分の生まれもった肌の状態を保つことができれば、美容的には大成功です。つまり、美容の基本は現状維持なのです。今日だけ、明日だけ、今だけ美しくみえればいいというのでは、あまりに近視眼的です。

将来のことを考えない、そのような欲深さは肌のダメージを加速させるばかりです。５年後、10年後の美しい肌のために、今日だけきれいならいい、明日だけきれいならいいといった欲は捨てることです。

自分の肌の本来の美しさの80～１００パーセントで満足していれば、いつまでもその美しさは維持できます。

しかし、毎日１２０～１３０パーセントの若さと美しさを求めれば、どんどん肌は劣化してしまい、しだいに本来の50～60パーセントの若さ、美しさになってしまいます。

Column

５年間、体も髪も「水洗い」のみ

私はここ５年ほど、せっけんやシャンプーをいっさい使っていません。ぬるま水で洗うのみ。結果には大いに満足しています。まず、体臭が少なくなりました。においのもとのひとつが、皮脂が酸化してできる過酸化脂質。毎日、せっけんやシャンプーで皮脂をこすりおとしていると、体は補充しようとして、大量の皮脂を分泌するようになり、過酸化脂質などのにおいのもとの量も増えて、かえって体臭が強くなる傾向にあるわけです。

それに、この５年間、顔と体は乾燥したためしがありません。診療や手術のためにしょっちゅうせっけんで洗っている手よりも、はるかにきれいです。

髪の変化もかなりのもの。猫の毛のようにほそくて、頼りない感じだった髪が、太く、しっかりとしてきたのです。おそらく、シャンプーの界面活性剤などで頭皮を傷めることがないためでしょう。髪に水をちょっとつけて、ブラシでなでつけるだけで形が整うようになったのもうれしい変化です。毛髪の表面をコーティングしているコレステロールや脂肪酸などの脂が、適度に残って、整髪料の役目をしているのだと思います。それでいて、髪がベタつくことはなく、いつもさらっとしています。

第5章

明日から
すぐ効果があらわれる！

スキンケアの新常識

Q ローションパックの効果は？ 実際、パックをしていると肌の水分量が多いそうですが……。

A 長時間、肌を水にひたしつづけることで、乾燥肌になります。

化粧水のほぼ9割は水。水を肌につけることで、その水が蒸発するときには、ぬれた新聞紙が乾くときと同じで、最上部の角質細胞がゆがんだり、めくれあがったりして細胞間に亀裂ができ、そこから中の水分が蒸発していきます。つまり、化粧水をつけることで、肌は乾燥してしまうのです。

ローションパックとは、化粧水を含ませたコットンを肌にペタッと10分ほど貼りつけておくケア法ですね。

化粧水をつけるだけでもよくないのに、湿らせたコットンを貼りつけたまま、長時間、肌を水にひたすわけです。直後は角質が水分を吸収してしっとりしますが、しだいに乾燥して、角層へのダメージはさらに大きくなり、皮膚はいっそう乾燥します。それでもみずみずしくみえるとしたら、それはそのあとにつける美容液やクリームなどで、ベトベト、ギトギトにしているためでしょう。

ローションパックをしたあとの肌を「ほら、肌の水分量が増えてプリプリしているでしょ」。増えたのは肌の水分量ではなく、肌にまだのったままの化粧水の水分量にすぎません。洗顔後はさぞつっぱることと思います。

Q ニキビには、せっけん洗顔がよい？肌を清潔にしなければならないのでは？

A せっけんで洗いすぎれば、皮脂が多く出るなど、逆にニキビが増えます。

皮脂がたくさんつくられると、毛穴への出口が圧迫されてつまりやすくなり、出口を失った皮脂は皮脂腺や毛穴にたまって酸化して炎症を起こします。これがニキビの正体。つまり、ニキビのいちばんの原因は、皮脂の出口、毛穴がつまることにあります。

そこで、毛穴をふさぐ皮脂や汚れをいちはやくとりのぞこうと、1日に何回もせっけんで顔を洗っている人もいます。

しかし、せっけんで皮脂を洗いながしても何の意味もなく、バリアがこわれて、肌は極度に乾燥します。極度に乾燥すると、肌の角質がゴワゴワに厚くなって、かえって毛穴をふさぐことになります。そのうえ皮膚は皮脂が足りない、と判断して、どんどん皮脂をつくるようになり、その結果、毛穴はますますつまりやすくなり、ニキビができやすくなります。

さらに、洗顔をよほどやさしくしないと毛穴の突起が傷つきやすいので、これも毛穴がつまる原因になります。

ニキビに悩んでいる人はせっけんの使用をやめるか、少なくして、なるべく水だけで洗うことです。はじめのうちは肌がギトギト、ベタベタして気持ちが悪いでしょう。でも、2~3週間もすると皮脂の量が少しずつ減ってきます。2~3か月後には、皮脂があまり気にならなくなって、毛穴がつまることも少なくなり、ニキビも減ってきます。

ニキビには乾燥が原因でできるものもあり、この場合も、水洗顔に切りかえることで、肌の乾燥がだんだんおさまってきて、ニキビもできにくくなります。

ただしニキビの原因はさまざまです。急にスキンケアを変えると、症状が悪化することもあります。

まずは皮膚科で相談することをおすすめします。とくに治療中は主治医の指示に従ってください。

Q すべすべになるスクラブ洗顔はＯＫですか？

A 熟成した角質細胞を削りおとすので、じきに肌は乾燥しはじめます。

たしかにスクラブ剤を使うと、表面の角層が落ちるため、そのときは肌がやわらかく、つるつるになります。

けれど、皮膚のいちばん外側にある細胞は、ベストな状態まで熟成した自家保湿因子を含んだ角質細胞です。それをスクラブで無理にこすりおとせば、その下からあらわれるのは、まだ未熟な状態の角質細胞。そのような角質細胞は一時的には、やわらかく湿っているため、良好な肌のようにみえますが、十分な保湿機能がまだできていないので、翌日からひどい乾燥肌になってしまいます。

そのうえ、たくさんの角質細胞が一気に削りおとされると、基底細胞では同じ数の新しい細胞を再生しなければならず、分裂準備の整わないうちに、未熟な表皮細胞が数多く生みだされてしまう可能性もあります。これでは、健全な肌を保てるはずがありません。

ハリウッドの女優さんたちはアカデミー賞の授賞式に出席する前に、エステで肌に磨きをかけるそうです。

たとえば、軽くスクラブをかけて角層を落とすのでしょう。すると、ゆで卵の薄い皮をむいたときのように、つるんつるんの肌になります。そのつるんつるんの肌に、ファンデーションがぴたっとつくように下地クリームという「糊」をぬるのですから、それは、それは美しい肌に仕上がります。

でも、薄皮をはがしたゆで卵は、すぐに表面が乾燥してごわごわになるように、スクラブでいちばん表面の角質細胞をはがされた肌も、みるみるうちに乾燥してつっぱるようになります。このようなケアはここいちばんの晴れの日のためのもの。日常的におこなうケアではありません。

Q 鼻の角柱をとるパックがやめられません。

A 無理に角栓をとると、角栓はよけい目立って、ニキビもできやすくなります。

イチゴの種みたいにボツボツとしてみえ、さわるとザラザラしているのが角栓。退化した毛や皮脂腺の一部や、はがれそこなった角質細胞などが、毛穴の中でかたまったものをいいます。

角栓が目立つのはたいていの場合、肌にキメがなくて、皮脂腺が過剰に発育した肌の場合が多いように思います。

キメがない肌のほとんどは、表皮の基底層で新しい細胞ができていないために、皮膚全体が薄くなっています。

皮膚が畑、そこに角栓という大根が埋まっていると考えてみてください。畑の土が雨で流れて少なくなれば、大根の上の部分がみえてくるように、皮膚が薄くなれば、毛穴の中にそれまで埋まっていた角栓がみえてきます。

角栓を専用のパックでとると、そのときは角栓が目立たなくなるでしょう。でも、角栓をとったときに、それについている毛穴の一部も一緒にはがれてきます。その刺激で、毛穴の中に傷ができます。その傷を治そうと、毛穴の角層はバームクーヘンのように何層にも厚くなってしまうのです。

厚くなった角層によって、毛穴は以前よりももっと大きく開き、角栓がますます目立ってしまいます。

毛穴がこうした状態だと、皮脂の出口がふさがれるため、ニキビもできやすくなります。角栓がとれて気分がよいのは、ほんのいっときのこと。あとは広がった毛穴と目立つ角栓とニキビが待ちかまえているのです。

角栓を目立たなくするためには、畑の土を増やして、大根がみえないように土に埋めてしまうのがいちばんです。

つまり皮膚を厚く、健康にすることです。そのためには、化粧品の使用を中止して、大切な天然保湿因子と細胞間脂質を守りとおすことです。

重症であれば、レーザーなどによる治療が必要です。

Q ホットタオルで新陳代謝が高まりますか?

A 水と熱の害という「マイナス面」のほうが大きくなる可能性が。

医学の常識として、何かケアをすると、かならずプラスとマイナスの両面が生じると考える必要があります。

プラスとマイナスをはかりにかけて、たとえマイナスがでたとしても、それ以上にプラスを得る価値がある場合だけ、そのケアをおこないます。

ホットタオルによるケアにも、やはりプラスとマイナスの両面があります。蒸しタオルを顔にあてると、気持ちがいいですね。これは、ひとつは血流がよくなるからで、血流がよくなれば、たしかに新陳代謝が高まります。また、リラクゼーションにもなります。これがプラス面です。

それに対してマイナス面もあります。通常の体温以上の熱に数分間、肌がさらされると、そのあと肌は間違いなく乾燥してきます。それに、水は肌をこわしますから、湿ったタオルをのせていれば乾燥してしまうというわけです。

たまにやるぶんにはそれほど問題にはなりませんが、頻繁にやりすぎると、血液循環を一時的に高めるプラス面よりも、マイナス面のほうが大きくなる可能性があることを知っておいてください。

おこなうときの注意としては、蒸しタオルをビニール袋に入れてから肌にのせること。新陳代謝も多少促進されますし、血行改善、リラクゼーション効果などがあります。血行をよくするのが目的なら、軽い運動なども効果的ですね。

Q 天然成分の入った化粧品はありですよね？

A 自然の産物にも毒を含むものはたくさんあります。

基礎化粧品などの説明文に、肌にやさしい天然成分配合、などと書かれています。けれど、天然成分や自然成分が肌に害が少なくて、安全という根拠はまったくありません。

化粧品の成分には天然の材料から抽出した成分と、化学的に合成された人工的な成分である化学物質とがあります。毒性や安全性については、天然か、人工的かはまったく関係がありません。たとえば、化学的に抽出されたワセリンよりも、自然界にあるウルシの樹液のほうが皮膚や生体にやさしいとはいえません。ワセリンでかぶれることはまずありませんが、自然の産物であってもウルシの樹液は皮膚につくと、猛烈なかぶれを引きおこします。

自然界にはフグ毒やボツリヌス毒、ヘビ毒などのたくさんの毒素も存在しているのです。また、ワセリンは化学的に抽出されたものといいましたが、見方を変えれば石油という天然成分を加工してつくったものと説明することもできます。天然成分だから安全、なんていうキャッチコピーにとびついてはなりません。まったく科学的でない、単純すぎる考えです。

Q 美白化粧品を使い続ければ、効果はありますか？

A 長期間使いつづけると、シミやくすみが悪化する可能性があります。

シミの治療を希望して受診した患者さんたちに、「シミを薄くする目的で、美白化粧品を使ったことはありますか？」「効果はありましたか？」と、私はかならず質問します。ほとんどの患者さんが「何種類か購入して使った経験がある」と答えます。そして、「効果はまったくありませんでした」と答える方が9割、「少しだけ薄くなった」と答える方が1割です。「治った」と答えた方はこれまでゼロです。

1割の人が少しだけ薄くなったという以上、人によっては配合の美白成分が多少は効いているのかもしれません。そして、少しだけ薄くなったなら、続けたくなるでしょう。効果がなければないで、あせらずにもう少し続けてみようと思うかもしれません。

ところが、長く使いつづけると、くすみやシミが悪化しかねないのです。なぜなら、美白成分をシミの部分までとどけるには、皮膚のバリアをこわさなければならず、そのために使われるのが油であり、クリームであり、界面活性剤です。

いずれも、皮膚にとっては異物なので、美白成分と一緒にこわれたバリアから肌に入れば炎症を起こすこともあります。

炎症で皮膚が赤くなる状態が数週間続けば、その部分にはメラニンが増えます。また、シミができている部分はわずかな刺激でもメラニンは増えるので、美白化粧品をつけるその刺激でメラニンが増えかねません。メラニンはくすみやシミの原因。したがって、気長につけつづければ、くすみやシミはかえって悪化することになります。

Q コラーゲンを飲むと、お肌はぷるぷるになりますか？

A 効くことは100パーセントありません。

コラーゲンは分子量が極めて大きいので、そのままの形で体内に吸収され、皮膚まで運ばれることは、100パーセントありません。

コラーゲンといえば、皮膚の真皮にあって肌に弾力を与えている線維で、各種のアミノ酸が鎖のようにつながったたんぱく質です。そのままでは吸収できないので、まず、ペプチド（アミノ酸が2個以上つながったものです）に、次にアミノ酸に、それぞれ分解されて、はじめて体内に吸収されます。

つまり、肉や魚などを食べているのとなんら変わりはなく、コラーゲンを飲んでも、それがそのままの形で皮膚に届くことはありません。したがって、真皮のコラーゲン線維が増えるわけではないのです。

コラーゲンが分解されると、消化吸収されるアミノ酸やペプチドは、毎日食べる肉や魚の中にも十分な量が含まれていますので、ふつうに食事をしていれば不足することはありません。

不足しているならともかく、そうでないなら飲んでも意味がありません。

今はやりの「飲むヒアルロン酸」についても、そのままの形では決して吸収されず、飲んだからといって皮膚のヒアルロン酸が増えることがないのは、コラーゲンとまったく同じです。

Q ビタミンをサプリメントで補えますか？

A ビタミンCでさえ、過剰摂取が害になる可能性がわかってきました。

ビタミンCは水溶性。とりすぎても尿と一緒に出ていくので、副作用の心配はないとされてきました。ところが、最近になってビタミンCの過剰摂取が健康を害する可能性がわかってきたのです。

ガンから心臓病まであらゆる病気の引きがねとなるとされているのが、活性酸素です。ビタミンCにはこの有害な活性酸素を掃除するという、ありがたい作用があります。ところが、活性酸素を無害なものに変えた、そのビタミンC自体が、今度は酸化ビタミンCなどに変化してしまいます。

活性酸素なら増えても、元来体にそなわっている機能が働いて自然に掃除されます。でも、酸化ビタミンCはふつうなら、そんなに多くの量が体にたまることはないので、それを掃除する機能が体にはそなわっていないのです。

そのため、体に大量に蓄積されてしまう可能性があるわけです。つまり、酸化ビタミン

Cは活性酸素以上に、害をおよぼす可能性すらあり、それを還元するために、結局体内の貴重なビタミンCが使われてしまうため、プラス・マイナスが不明ともいわれ、今後の研究結果が注目されています。

ビタミンEはさらに深刻です。二〇〇四年にアメリカ心臓学会（ＡＨＡ）は、心臓に疾患のある人が毎日２６０ミリグラム以上のビタミンＥを飲むと、死亡率が10パーセント上がる、との警告を発しました。

ビタミンＥは一酸化窒素という活性酸素を掃除します。でも、その一酸化窒素は人体に害をおよぼすだけではなくて、血管収縮を調整するというよい働きもしていたのです。そのため、ビタミンＥをたくさん飲んで、一酸化窒素を掃除しすぎると、血管の調整がうまくできなくなり、心臓の弱い人では死亡率が高くなるのではないか、というわけです。

人間の体は奇跡的なバランスと巧妙なメカニズムによって生かされていて、その深遠さからみると、人の医学知識などまだまだ浅いものだと思います。そして、ビタミンＣは肌にいいのだから、サプリメントで補えば美しくなれると考えるのも、人間の思いあがりか、浅知恵といえるかもしれません。

Q 手のひらでパッティングするとお肌が生き返る?

A 小さな角質細胞を傷めるだけです。

こわれたテレビなどを、たたいて直そうとする感覚に似ています。たしかに刺激が適度なら皮膚の細胞が活性化されるという多少のプラスはありえます。けれど、細胞レベルでいえば、これは大変な刺激を与える乱暴なケアでもあり、強さによっては角質細胞を傷めつけることになります。

角質細胞の大きさは1ミリメートルの100分の1ほど。こまかな粉みたいなものです。これに手のひらがパタパタと当たるのです。

当たった瞬間に、表面の角質細胞は簡単に何ミクロンもずれますし、細胞もめくれてしまいます。

適正な強さがむずかしくプラス面よりもマイナス面のほうが大きくなる可能性が高いとも思われます。

Q 化粧水はコットンでつけるほうが肌にやさしい？

A コットンは指よりも肌にダメージを与えやすいのです。

コットンで化粧水や乳液をつけ、顔を拭いたり、洗ったりするのは、肌にやさしいように思うかもしれませんが、じつは、指の腹でやるほうが肌にはよりやさしくダメージは少なくてすみます。

指先は、わずか1ミリメートルの100分の1の凸凹でも感じとることができるほど、鋭敏といわれています。毛穴の根元の皮膚はとがっていますし、角質細胞の角もめくれあがっていたりしています。指先ならそういったミクロ単位の凹凸も敏感にキャッチしますので、肌を傷つけないように微妙に指の当たりを調節することが可能です。

コットンを巻いた指ではこまかい凸凹など感じとれませんので、皮膚表面の突起にコットンの繊維が引っかかったり、毛根部を傷つけてしまったりする可能性が高くなるのではないでしょうか。

つまりコットンは指以上に、肌にダメージを与えやすいといえます。

Q 筋肉を刺激するマッサージで、若返りますか？

A 真皮と表皮の噛みあわせがズレる可能性があります。

一時期、肌の診察をしていて、真皮と表皮の境目付近がずれて、傷になってしまっている患者さんが、増えたことがありました。極小の水ぶくれが治ったあとのような傷で、このような傷は、顔を強くマッサージしたり、こすったりした場合にもみられますが、それが顔にめずらしいくらいたくさんあるのです。

患者さんの肌をモニターに拡大して見せながら、「表皮と真皮の境のあたりがずれたような浅い傷があちこちにあります。ほら、ここにも、ここにも……。何か肌を強くこするようなことをしましたか？」「そういえば、痛気持ちいいくらいに顔の皮膚をつねるマッサージがたるみなどに効くというので、やりはじめたんですけれど」。

肌が悲鳴を上げるほどグイグイとつねれば、真皮と表皮の間の噛みあわせがずれてしまうのかもしれません。そこで、そのマッサージをしばらくやめていただきました。次に来院したときには、傷は消えていました。同じような患者さんが、続けて数人いました。

少し赤くなる程度に軽くこするだけでも、くりかえすと、皮膚にはダメージが蓄積され、くすみやシミの原因になります。

また、顔の皮膚は骨や筋肉に、靱帯《じんたい》という貝柱のようなヒモで固定されて垂れないようにはなっていますが、強くマッサージしすぎると、このヒモがのびて垂れてしまうことがありますから注意してください。

Q ビタミンCのイオン導入は、効果があるのですか？

A あります。でも、やりすぎは禁物。月に1回程度に抑えるべきです。

ビタミンCはさまざまな美肌効果をもっています。適度に使えば強い抗酸化作用があるため、過酸化脂質ができるのを抑え、細胞膜を傷つける活性酸素も除去します。皮脂の分泌を抑制し、毛穴を引きしめ、炎症を抑えますし、真皮のコラーゲンの生成を促して、肌に弾力を与えます。さらに、紫外線やストレスで傷んだDNAを修復する力があることもわかっていますし、メラニンを合成しにくくするので、美白効果にもすぐれています。肌のキメを整えて、肌に透明感をもたらす効果まであります。

このビタミンCを肌の奥まで浸透させることができるのが、イオン導入です。水にとかしたビタミンCはイオン化して、プラスイオンとマイナスイオンにわかれます。そこに電流を流すと、イオン化ビタミンCが肌の奥深く浸透するのです。その浸透力は、肌にただビタミンCをぬった場合の、数十倍にもなります。

最初、私はイオン導入に半信半疑でしたが、毎月1回、1～2年間イオン導入を続けている患者さんの肌が、何もしていない人の肌よりも、くすみ、シミ、透明感、毛穴の縮小などの点で明らかにすぐれている例を実際に何人もみました。また、イオン導入によってたしかにビタミンCが肌の中に浸透していることが、科学的に証明されるようにもなり、その効果を認めざるをえなくなったのです。

ただし、毎日のようにせっせと続けていた人では、肌が乾燥して悪化してしまう傾向がみられました。イオン化したビタミンCを、電流を流して強制的に肌に押しこめば、かわりに肌の中にある別の成分のイオンが皮膚から出ていっているはずです。つまり、ビタミンCを必要以上に大量に入れこむことで、別の大切な成分をうばいとっている可能性があります。また、ビタミンCのサプリメントのところでもふれた酸化ビタミンCの発生による悪影響もあるかもしれません。というわけで、イオン導入はやりすぎずに、1か月に1～2回程度に抑えましょう。

イオン導入用として売られているビタミンCには、たいてい防腐剤や酸化防止剤など、肌に好ましくない成分が入っています。続けておこなうのであれば、薬局でビタミンCかビタミンC誘導体の粉末を買ってきて、自分で5～10グラムを1リットルの蒸留水か軟水のミネラルウオーターにとかして使ってもよいでしょう。

なお、ビタミンC以外の成分には警戒が必要です。あやしい成分を直接皮膚に入れつづけることは、些細なプラス面よりもリスクが大きくなります。

Q 髪の毛のカラーリングで顔までかぶれることはありますか？

A ひたいや首のうしろ、耳など染髪剤の「とおり道」に炎症が起きやすくなります。

顔や首のうしろなどが赤くなったり、かゆくなったりしたときは、毛染めも疑ってみるべきでしょう。毛染めをすると、その後1～2か月間は、髪を洗ったり、汗をかくたびに、染髪剤の影響がみられます。とくに首のうしろや、耳、ひたい、首などは毛染めが汗や、洗髪した水が流れる「とおり道」で、炎症が起きやすくなります。

染めて1~2週間以内がもっともひどく症状がでやすく、1~2か月ほどで改善します。やっと少し炎症が治りかけたときに染めると、また炎症がひどくなる様子が、マイクロスコープで診察していると、よく観察できます。

気づかないうちに治ってしまう人もいるでしょうが、そういう人でもごく軽いとはいえ、染髪剤で皮膚に炎症が起きているのです。軽い炎症でもくりかえしているうちに、髪は細く、少なくなりますし、また、かならず皮膚のメラニンが増え、茶色くなることはすでにくりかえし述べてきました。

ヘアダイでもヘアマニキュアでも肌に悪いことは同じ。その種のカラーリングはできればやめたほうがよいのですが、どうしても染めたければ、ヘアダイよりは、ヘアマニキュアがよいようです。

ただ製品によって皮膚に対する刺激の強さがちがうので、自分に合ったものを使うようにしてください。

Q 水を飲めば、肌の水分量は増える？

A はい。体中の細胞に水が供給されて、肌もうるおいます。

外からでは肌に水を補うことはできません。かえって肌を乾燥させるだけです。肌に水を補うには、水を飲むしかありません。水を飲むことで体中の細胞に水が供給されて、肌もうるおいます。飲む量が足りないと、体中の細胞が水不足となります。最初に舌が乾き、目が乾き、肌が乾き、最後には内臓が乾くのです。肌を含めた全身の保湿と健康のために、きちんと水を飲みましょう。

1日の摂取量の目安は、体重1キログラムあたり25〜50ccです。体重が50キログラムの人なら1・25〜2・5リットルになる計算。飲みすぎた分は尿になって出ていきますが、そのとき、ナトリウム、クロール、カリウムといった、電解質といわれる成分など、体に必要なさまざまな成分が尿と一緒に排泄されてしまいますので、飲みすぎには気をつけてください。

起きている時間をとおして、まんべんなく必要量を飲みましょう。ドーンといっぺんに大量に飲めば、ドーンといっぺんに出ていってしまい、無駄が多くなります。

毎日の水の摂取量の半分は、野菜やごはんに含まれている水分や、お茶やコーヒー、ジュースなどでもかまいませんが、あとの半分は「真水」でとりましょう。真水以外の水だと、体はそれを濾過《ろか》してから使わなければならず、それだけ体への負担も大きくなります。

また、せっかく飲むのなら、硬水ではなく軟水がよいでしょう。日本は軟水の国。硬水を飲みつづけることに、わたしたちの体は不慣れです。

代々、軟水の国に育った体には、軟水を飲むのが自然で、健康のためにも、美肌のためにもベストだと思います。

Q ストレスが原因で肌が荒れるって本当ですか？

A はい。ストレスはトラブル肌を引きおこす美肌の大敵です。

たとえば、ニキビは毛穴にできた炎症です。炎症とは異物が侵入してきたり、あるいは、組織が損傷を受けるなどして細胞が死滅したとき、白血球がそれら異物や死んだ細胞を処理する生体の反応です。

また、シミやくすみは茶色い色素、メラニンがたまって発症します。そして、メラニンは紫外線の影響を防ぐために発生するのです。

このように、炎症にしてもメラニンの発生にしても、生体の防御反応なのですね。

ところが、ストレスが長期にわたって続くと、交感神経がずっと刺激されて緊張状態となり、白血球とリンパ球のバランスがくずれて、白血球が多くなります。すると、少しのことで過剰に反応して炎症を起こして、ニキビができやすくなります。

さらに、炎症を起こした部分には、メラニンをつくる細胞、メラノサイトが暴走して、紫外線を浴びなくても、メラニンをどんどんつくりつづけるようになります。こうして皮膚はくすみ、これが続くとシミに成長します。

ストレスがひどくなると、ステロイドが体内に増え、また、表皮細胞の新陳代謝も悪化するので、症状はさらに悪くなります。

美肌のためにも、そして、健康のためにも、ストレス神経である交感神経の緊張を和らげ、リラックス神経である副交感神経が働くようにすることが重要です。

日本には10時と3時におやつを食べる習慣があります。これを活用しない手はありません。10時と3時に仕事の手を休めて、3分間でいいから横になって目をつぶりましょう。それが無理なら、椅子に座ったまま、全身の力を抜き、目を閉じて瞑想《めいそう》をします。高まっていた交感神経の緊張がスーッと下がって、副交感神経が働くようになります。

Q 長くお風呂に入ると美肌になりますか?

A 湯船につかることは、肌にとってはリスクです。

湯船につかることで血液循環が高まり、皮膚の新陳代謝も促進されます。汚れがとれて気持ちよく、リラックス効果もあるでしょう。これらが入浴のプラス面です。マイナス面は、全身の肌が水分にひたされること。それだけでも肌にとってはリスクになるのに、40度の湯・長時間となればなおさらです。

体や手足が乾燥する人やかゆい人はとくに、毎日湯船につかるのではなくて、2～3日に1回に減らして、あとはぬるめのシャワーですませるなどの工夫も必要でしょう。

冬になると、肌が乾燥する人は多くなります。その場合は、長時間湯船につからないことはもちろん、せっけんは使わずに、「ぬるま水」だけで洗うことも大切です。体の乾燥も私のスキンケアに徹することで、改善されます。

汗をかく夏は、シャワーを日に何回も浴びたくなるかもしれません。そのたびにせっけんを使っていては、夏でも肌が乾燥するでしょう。

やはり、せっけんを使わずに、水だけで汗をさっと洗いながすとよいでしょう。くりかえしになりますが、汗も、そのにおいの物質も、ベタつく皮脂も、ぬるま水だけで、ほとんど落とせるのですから。

Q 冬の乾燥対策をおしえてください。

A 加湿器で部屋も「保湿」するのが、いちばんの対策です。

部屋の空気の乾燥を防ぐための必需品は、加湿器と、そして湿度計です。

肌が乾燥する要因のひとつに空気の乾燥があります。湿度が30パーセント以下になると、どうしても肌が乾燥します。

それだけではありません。ドライアイになったり、鼻や口、喉の粘膜も乾燥気味になって雑菌が繁殖しやすくなるため、風邪やインフルエンザにもかかりやすくなりますし、口臭が強くなったり、蓄膿症《ちくのうしょう》にかかりやすくなったりもするのです。このように空気の乾燥は肌だけでなく、健康にさまざまな支障をきたす可能性があります。

そこで、加湿器で室内の湿度をつねに40～50パーセントに保つことが大切になります。ぜひ家庭に加湿器をそなえてください。

また、会社でも社員の健康のためにオフィス内に加湿器をおいて、利用すべきです。湿度が40パーセントを切る冬になると、インフルエンザが流行して、風邪にかかる人も急増します。社員が次々と風邪にかかって病欠ということになれば、会社にとっても損失となるはずです。

ただし、あまり湿度が高すぎると、カビが発生し、これも危険です。それらのカビは空気中を漂ったり、壁に付着したりしますが、乾燥したときにパラパラと落ちてきて空気中に漂って肺に入りこんで増えたり、喘息になったりする場合もあるのです。

湿度は高くてもせいぜい55パーセントまでが限度。それ以上になったら加湿器のスイッチを切ることです。

Q 肌の乾燥にはどんな原因がありますか？

A 10の原因が考えられます。

肌が乾燥する原因として、次の10項目を挙げることができます――。

①洗いすぎ②こすりすぎ③化粧品④紫外線⑤アトピーなどの皮膚炎⑥居間やベッドルームの空気の乾燥⑦ストレス⑧脱水⑨風呂、熱くて強力なシャワー⑩プールの塩素、温泉、硬水など。

あなたはいくつ当てはまりましたか？　当てはまる行為や習慣などをすべてとりのぞく努力を続ければ、あなたの肌は本来のうるおいをとりもどすことでしょう。もちろん、この場合、基礎化粧品やファンデーションの類をつけずに、水で洗うだけのケアに徹することが絶対条件です。

私は、レーザーなどを使ってシミや小ジワの治療をおこなっていますが、いくら最新のレーザーで効果的な治療をおこなっても、日頃のスキンケアが不適切で、肌がいつも乾燥していたら、治療効果はあがりませんし、治療によっていっときは治っても、すぐにまた再発してしまいます。

正しい日々のスキンケアがあってこそはじめて、肌の悩みはすべて消えるのです。

著者紹介
宇津木龍一 北里大学医学部卒業。日本で最初のアンチエイジング専門施設・北里研究所病院美容医学センターを創設。センター長を務める。日本では数少ないアンチエイジング治療専門の美容形成外科医。現在はクリニック宇津木流で院長としてシミ、しわ、たるみの治療と老化予防に対象を絞り、診療を行う。
本書では、やけどの皮膚再生治療から生まれ、たくさんの肌を救ってきたスキンケア法を紹介した。「つけない・こすらない・洗いすぎない」の基本を守って、きれいな肌を目指しましょう。

クリニック宇津木流
info@clinic-utsugiryu.jp

「肌《はだ》」の悩《なや》みがすべて消《き》える
たった1つの方法《ほうほう》

2012年2月15日　第1刷

著　　者　宇《う》津《つ》木《ぎ》龍《りゅう》一《いち》
発 行 者　小澤源太郎

責任編集　株式会社 プライム涌光
電話　編集部　03(3203)2850

発 行 所　株式会社 青春出版社
東京都新宿区若松町12番1号　〒162-0056
振替番号　00190-7-98602
電話　営業部　03(3207)1916

印　刷　共同印刷　　製　本　大口製本

万一、落丁、乱丁がありました節は、お取りかえします。
ISBN978-4-413-03827-0 C2077